Contenido

Colección SEMINARIO

El *Seminario Evangélico Unido de Teología* (SEUT) es un centro de formación teológica y espiritual, con sede en Madrid (España). Su visión es servir a la Iglesia en todo el mundo de habla hispana, fundamentando su ministerio sobre dos pilares:

(1) Solidez académica de los programas impartidos.
(2) Calidad pedagógica que integre lo académico con lo práctico y lo espiritual.

La *Colección* que presentamos está constituida fundamentalmente por títulos que sirven de libros de texto en el programa de estudios de SEUT. Este programa, a su vez, es la traducción y adaptación del programa creado por OTC (*The Open Theological College*), una *Facultad de Teología* por extensión constituida por siete seminarios y facultades evangélicas del Reino Unido. Asimismo, se incluirán títulos de los propios profesores de SEUT.

Los títulos de la *Colección Seminario* se agrupan en cuatro áreas que reflejan de alguna manera los pilares fundamentales del programa académico de SEUT. Se trata de las siguientes:

(1) Biblia
(2) Dogmática e Historia de la Iglesia
(3) Ministerio y Misión
(4) Pastoral

En SEUT creemos que la erudición no está reñida con la sencillez, y que más importante que abrumar al lector o estudiante con datos es la comprensión básica de los contenidos. También estamos convencidos de que la mayor parte de los títulos obligará a los lectores y lectoras, cuando menos, a una seria reflexión sobre

el contenido de los mismos, por no decir que no les dejará indiferentes. Por supuesto, esto no significa que SEUT asuma como propias todas las opiniones de los libros de la *Colección,* ya que su propósito no es presentar una teología monocolor, como tampoco lo es su propio currículum académico. En efecto, los autores presentes en la *Colección* representan a diversas tradiciones cristianas y a diversos planteamientos personales, por lo que el lector observará que sus afirmaciones se mantienen siempre en un marco de profundo respeto por el resto de tradiciones teológicas. Es más, en opinión de nuestro equipo de profesores, y por tanto de la *Colección,* la riqueza de tradiciones cristianas obliga a todo seguidor de Cristo a un mayor discernimiento que finalmente se traduce en su propio enriquecimiento espiritual.

Como habrá notado cualquier lector avezado, estamos convencidos de la calidad de la *Colección* que presentamos. Sólo esperamos que nuestro convencimiento se vea correspondido con una buena acogida del público de habla hispana al que va dirigida. Por lo demás, nada vale algo si no redunda en una mayor gloria de Dios.

Pedro Zamora y Rogelio Prieto,
Co-directores de SEUT

SEUT
Apartado de Correos 7
E-28280 El Escorial, Madrid (España)
www.centroseut.org

El *SEUT* ha obtenido los permisos de traducción y publicación interna de los títulos contenidos en esta lista. CLIE ha iniciado el proceso de solicitud de permisos para su publicación en el mercado hispano-parlante.

Área de BIBLIA

Tremper Longman III, *Cómo leer los salmos.*
 Introducción a los géneros literarios de los salmos.
* J. Day, *Salmos.* Introducción a la interpretación de los salmos.
John Drane, *Introducción al Antiguo Testamento.*
Excelente presentación de los conocimientos fundamentales actuales sobre el AT.
* John Drane, *Introducción al Nuevo Testamento.* Como el anterior, pero dedicado al NT.
Dionisio Byler, *La autoridad de la Palabra en la iglesia.*
Una provocativa pero educativa reflexión sobre la función de las Escrituras en el seno de la iglesia.
* Pedro Zamora, *Eclesiastés: lecciones de teología política y económica.*
Una nueva visión del libro de Eclesiastés, que utilizando la exégesis moderna recupera a la vez la interpretación judeocristiana tradicional.

Área de Dogmática e Historia de la Iglesia

* Tom Smail, *Don y dador.*
Tratado sobre la persona del Espíritu Santo.
Alan Richardson, *Así se hicieron los credos*.
Estudio sobre el desarrollo de los credos durante los primeros siglos de la Iglesia.

Área de Ministerio y Misión

William J. Abraham, ***El arte de la Evangelización***.
Tratado sobre la relación entre la misión local y la global.
David Cook, ***El laberinto de la ética***.
Tratado sobre las fuentes de la ética cristiana.
* Maurice Sinclair, ***La cosecha está madura y se avecina la tormenta***.
Introducción al estado de la misión en el contexto global actual.
* David Burnett, ***Mundos en conflicto***.
* Derek Williams, ***Preparados para servir***.
Tratado práctico para quienes desean dedicarse a la misión.
* Martin Robinson, ***La fe del incrédulo***.
Tratado sobre las creencias reales de quienes se consideran incrédulos.

Área de Pastoral

Michael Jacobs, ***Esa voz interior***.
Tratado sobre los varios enfoques que un consejero pastoral puede emplear.
* Michael Jacobs, ***Presto a escuchar***.
En consejería, saber escuchar es tan importante como saber responder.
James F. White, ***Culto cristiano***.
Tratado sobre el desarrollo y la práctica de las principales formas del culto cristiano.

Introducción

Este es un libro para ayudar a los estudiantes, pastores, sacerdotes y a todos los cristianos con inquietudes a la hora de tomar decisiones éticas. No es el punto de vista de David Cook sobre cada asunto ético. Tampoco se trata de un libro de texto meramente académico. Se trata, más bien, de mostrar una manera de alcanzar conclusiones éticas. Desconocemos cómo serán los nuevos temas éticos que se plantearán en el siglo XXI. Ni siquiera comprendemos todos y cada uno de los diferentes aspectos de los problemas con los que cada individuo debe enfrentarse en el día de hoy. No obstante, creo que podemos, más aún, debemos, desarrollar una manera consistente y racional de abordar los temas éticos que sea auténticamente cristiana. Inevitablemente esto significa que una persona que busque entre estas páginas una respuesta para su problema acabará frustrada. Creo firmemente que existen respuestas para la mayoría de estos problemas, pero mi compromiso consiste en ayudar a esas personas para que lleguen a sus propias conclusiones y sean capaces de reconocer la *base* y las *consecuencias* de sus decisiones. Este libro introducirá al lector a *uno* de los métodos para tomar decisiones morales. No es *el* método, sino uno que debe ser probado, comprobado, adaptado y aplicado. La mayoría de las veces nuestras respuestas a los asuntos éticos son casi automáticas. Sin embargo, cuando surge un nuevo problema, o un aspecto novedoso de un problema antiguo, necesitamos ser capaces de formular o reconsiderar nuestras posturas éticas. Mi esperanza es que al leer y aplicar este enfoque, todos busquemos discernir la mente de Cristo en medio de los dilemas éticos de hoy y del mañana.

Debo dar las gracias a Peter Baelz por su ánimo inicial para emprender el proyecto, a Joy Rummey y Juli Wills por su ayuda práctica, y a mi paciente esposa y familia, Kathleen, Simon y Kenneth. Todas las faltas y errores son míos. Si algo bueno hay se lo debo a demasiada gente como para nombrarla aquí, pero estoy muy agradecido a todos ellos.

DAVID COOK
Oxford,
Julio de 1982

Editorial CLIE
Galvani, 113
08224 TERRASSA (Barcelona)
E-mail:libros@clie.es
http://www.clie.es

EL LABERINTO DE LA ÉTICA
Un camino de exploración de la ética cristiana
© 2004 por Editorial Clie para esta edición en castellano

Título original: *The Moral Maze*
© David Cook, 1983

Publicado originalmente en inglés por:
SPCK
Holy Trinity Church
Marylebone Road
London NW1 1DU
Inglaterra

Traductor: Rubén Gómez

En esta obra se han utilizado las siguientes versiones de la Biblia:
La Santa Biblia, versión de Casiodoro de Reina revisada por Cipriano de
    Valera (RV) © 1960 Sociedades Bíblicas Unidas.
Santa Biblia, versión Reina-Valera Actualizada (RVA) ©1982, 1986, 1987,
    1989 Editorial Mundo Hispano.
La Biblia de Jerusalén (BJ) © 1975 Editorial Española Desclée de
    Brouwer.

Depósito legal: SE-2106-2004

ISBN: 84-8267-281-9
Impresión: Publidisa

Printed in Spain

Clasifíquese: 43 TEOLOGÍA: Ética
C.T.C. 01-01-0043-14
Referencia: 22.44.63

David Cook

EL LABERINTO
de la
ÉTICA

Un camino de exploración de la ética cristiana

EL LABERINTO de la ÉTICA

Un camino de exploración de la ética cristiana

menudo parecen distantes. Nos imaginamos al despistado profesor o al filósofo mirándose el ombligo, viviendo ambos en sus torres de marfil. Parecen aislados de lo cotidiano y real. La dura realidad de la vida parece no ir con ellos. Algunos sociólogos lo llaman abstracción. Consiste en estar apartado de la realidad. Pero no se trata simplemente de una enfermedad que contraen los intelectuales, sino de algo que nos afecta a todos de una forma u otra.

En el mundo moderno sufrimos de un alejamiento de las cosas que importan. En nuestros lugares de trabajo las decisiones que nos afectan de manera importante son tomadas sin nuestro consentimiento ni participación. No somos más que una pieza más en el engranaje. Somos gente de la que se puede disponer, poner o quitar, según los caprichos dictados por el mundo de los grandes negocios. A menudo se nos trata como a cosas. Se nos despersonaliza. Se ignora aquello que es esencialmente humano en nosotros. Lo mismo ocurre en la política. Los gobiernos locales y nacionales son dirigidos por políticos que parecen vivir en un mundo distinto al de la gente corriente, o por burócratas y funcionarios sin rostro ni nombre que parecen olvidar la situación real en la que viven las personas. Decisiones grandes y pequeñas, que afectan radicalmente la forma en que vivimos, son tomadas por estas personas tan alejadas de nosotros. Simplemente se nos dice que los impuestos subirán, que los precios también subirán y que los salarios seguirán congelados, pero no se nos consulta.

No es de extrañar, pues, que nos sintamos despersonalizados y alienados. Sentimos que tenemos poco valor o importancia. Somos incapaces de marcar la diferencia en lo realmente importante. Nos sentimos perdidos y desconcertados por ese mundo complejo y remoto de poder y de toma de decisiones. No es sorprendente que tratemos de huir de esos sentimientos de diversas maneras.

2. Futurismo

Una de las vías de escape más transitadas es la que conduce al futuro. No sugiero que el personaje de Tardis, de la serie Doctor

Who,(*) esté al alcance de todos, pero lo cierto es que todos nosotros tenemos imaginación, y que podemos usarla o estimularla en formas más o menos provocativas. No es casualidad que muchas de las más exitosas películas de hoy estén basadas en el mundo futuro de la ciencia ficción. *Superman, La Guerra de las Galaxias, Alien, Encuentros en la Tercera Fase* y *2001: Una Odisea en el Espacio* son sólo la punta del iceberg de las películas escapistas que han cosechado un enorme éxito de taquilla. Todas ellas nos transportan a un mundo futuro, en el que el bien vence sobre el mal. Es un mundo (o mundos) donde el individuo todavía puede derrotar al sistema y salvar el mundo con una pequeña ayuda de sus amigos. El héroe vence contra todo pronóstico, incluso derrotando al enemigo sin la ayuda de nadie. De ahí a ver el mismo tipo de escapismo en el tremendo interés que despiertan la astrología, lo oculto y lo paranormal tan sólo hay un paso. Este interés forma parte del deseo mismo de tener algo que decir y de poder controlar el aquí y el ahora. Sentimos que si entendemos el futuro tendremos más poder en el presente.

Esta misma fascinación con el futuro se hace evidente en dos asuntos de candente actualidad. Estos son la energía nuclear y la crisis ecológica. Los grupos antinucleares presentan imágenes de un mundo devastado por un holocausto nuclear o por algún insidioso escape radiactivo. Se trata de un mundo con la tierra abrasada, ciudades arrasadas y esqueletos vivientes. Se argumenta que este futuro escenario es tan horrible que hay que transformar el presente. Debemos aprender a vivir sin energía nuclear para preservar así nuestro mundo y a nosotros mismos. Aquellos preocupados por la ecología presentan el mismo tipo de argumento. Evocan un mundo donde los recursos naturales se han agotado y los recursos humanos están en bancarrota. Ven un mundo con demasiada gente, viviendo en un espacio demasiado pequeño y andando tras unos recursos exiguos. Ahora nos toca vivir de manera más sencilla si queremos que el mundo de entonces simplemente pueda vivir.

(*) Se trata de una serie televisiva de cienciaficción muy popular en Gran Bretaña (Nota del Traductor).

Hay que destacar que muchos de aquellos a quienes resulta difícil digerir el morboso estilo apocalíptico del libro de Apocalipsis no tienen problema alguno con estos nuevos estilos apocalípticos. No tenemos dificultad en imaginar el fin del mundo, pero ese vuelo hacia el futuro tiene como fin ayudarnos a enfrentarnos mejor con la realidad presente. No obstante, con demasiada facilidad puede convertirse en un fin en sí mismo, y no ser nada más que un escape para nuestra incapacidad de cambiar la realidad aquí y ahora.

3. Individualismo y Existencialismo

Una segunda vía de escape de la alienación y la abstracción es la que conduce al mundo del individuo. Esto se resume muy bien en los planteamientos del existencialismo. Se trata de una doble rebelión. Se rebela, en primer lugar, contra la idea de que la razón (o el poder de la mente) es capaz de solventar los problemas del mundo. El existencialismo niega que el pensamiento por sí solo pueda mostrarnos cómo es el mundo o cómo solucionar los problemas a los que nos enfrentamos. La razón no nos conduce a ninguna parte. Sólo se preocupa de las definiciones y de lo que ya sabemos. Su campo de acción y su capacidad de satisfacer las necesidades reales de las personas son limitados.

Hay otro sentido en el que el existencialismo es una rebelión. Se subleva contra la visión romántica del mundo y de la gente. Cree que pensar de manera romántica es engañarse a uno mismo. El romántico tiene un optimismo falso e infundado con respecto a la gente y al mundo. El existencialista quiere sacar al romántico de su vago y poco realista optimismo acerca del futuro y llevarlo al meollo del presente.

Los existencialistas creen en plantarle cara a la realidad. Ellos se fijan en los "momentos mágicos" de la vida en los que se condensan las experiencias humanas centrales. Estos son los momentos del nacimiento, de la vida y de la muerte. Son momentos en los que sentimos sobrecogimiento, temor y asombro. Son experiencias en situaciones en las que nos planteamos preguntas fundamentales: ¿Quiénes somos?, ¿por qué estamos aquí?, ¿a dónde vamos?

El existencialista no cree que haya respuesta a estas preguntas. Para él el mundo carece de sentido. Todo es absurdo. Sin embargo, el existencialista no se rinde ni se parapeta tras el silencio. En lugar de eso se retira al mundo del individuo. Ese mundo es un mundo interior, un mundo de intenciones.

Imaginemos que estoy caminando por la calle principal con el rector de mi facultad. Podría darse el caso de que me invadiera el deseo repentino de quitarle el puesto. Entonces, al ver un autobús acercándose, en un momento en el que ese deseo se convirtiera en irrefrenable podría llegar a empujarle al paso del autobús. Sin embargo, justo en ese instante, el conductor del autobús podría sufrir un ligero infarto y perder el control del vehículo, de manera que éste finalmente subiera a la acera y me arrollara a mí, dejándome herido de muerte. ¿Qué es lo que vería cualquier testigo del incidente desde el otro lado de la calle? Bien podría suponer que el heroico David Cook había sacrificado su propia vida para salvar la de su rector justo a tiempo. Sería un error. Las apariencias engañan. Mis aviesas intenciones eran muy otras.

El existencialista cree que lo que realmente importa es lo que ocurre en nuestro interior. Puede que lo que acontece dentro de nosotros nunca sea revelado a nadie más, pero eso no importa. La experiencia interna es la esencia del individuo. Esto es, precisamente, lo que hace a un individuo un individuo, y no una parte más de la multitud: la libertad de realizar sus propias elecciones. Lo que importa es el ejercicio de nuestra voluntad. Al escoger nos convertimos a nosotros mismos en lo que somos. No se trata tanto de *qué* escogemos, cuanto del hecho mismo de que *escogemos*. Elegir es la marca de un auténtico individuo. Cuando nos enfrentamos a un mundo sin sentido y a un horrendo absurdo, no deberíamos huir hacia el futuro ni tratar de reducir el caos a un falso orden con nuestra razón y su lógica tan recortante. El individuo solitario desafía al absurdo eligiendo lo que desea. La existencia auténtica es la vida de la elección individual. De una manera extrañamente contradictoria, ese es el sentido y el propósito de la humanidad.

Si miramos atentamente el mundo actual vemos signos de alienación, escapismo e individualismo. Todos estos son también intentos por sobrellevar y enfrentarse a los problemas que plantea. Ahora necesitamos preguntarnos cuáles son las fuerzas que crean estos problemas.

4. Privatización

Al igual que ocurre con mucha de la jerga empleada en sociología, esto suena más difícil de lo que en verdad es. La privatización es el proceso en virtud del cual se produce una división entre las esferas pública y privada de la vida. En esta separación de ambas, el ámbito privado se convierte en el más importante para la gente. Es la esfera peculiar de libertad y realización del individuo.

Dicho con toda crudeza, lo que los sociólogos nos están diciendo es que todos somos esquizofrénicos. Vivimos en dos mundos distintos. Uno es el macrocosmos de la vida pública. Es el mundo de "Ellos". Se trata del mundo del gobierno, del estado, de los grandes negocios, sindicatos, burocracia y autoridades en general. Es un mundo impersonal, que cuenta con sus propias y complejas reglas y jerigonza. Es un mundo que nos resulta extraño a la mayoría de nosotros. No entendemos cómo funcionan las cosas en él ni el lenguaje que se utiliza. Existen demasiados formularios interminables repletos de letra pequeña que resulta indescifrable. En este macrocosmos nos sentimos desvalidos e impotentes porque no pertenecemos a él.

En claro contraste con aquél está el microcosmos de lo privado. Es pequeño y hermoso. Es el mundo de la familia, del ocio y del hogar. Abarca el ámbito de la realización personal. Trata con las áreas de la vida que escogemos porque nos importan y nos gustan. Es el mundo de la libertad y de las elecciones genuinas y tangibles. En este mundo nos sentimos confiados y competentes. Aquí es donde nos retiramos cuando el mundo grande y malvado de afuera es demasiado para nosotros. Nuestros microcosmos son los lugares donde acudimos para curar nuestras heridas, para restablecer el equilibrio de la vida y reafirmar nuestro valor como personas.

Existen muchos problemas y peligros asociados a esta división, pero eso no cambia el hecho de que hay una brecha cada vez más grande entre las áreas de la vida donde nos sentimos como personas en un juego, como números en una máquina tragaperras, y las áreas en las que nos sentimos a salvo, seguros, y a las que realmente les encontramos sentido. Un signo clave a la hora de experimentar verdadero significado es nuestra libertad para elegir.

5. Liberación

Vivimos en una era de movimientos de liberación. Grupos nacionales y raciales están buscando la liberación. Grupos minoritarios se organizan y protestan en un intento por conseguir mayor libertad. Hablamos del movimiento para la liberación de la mujer, del movimiento gay, de "Solidaridad" en Polonia, y de los "luchadores por la libertad" en África. Todos estos grupos están buscando *liberarse de* las condiciones y de los gobiernos que les oprimen y les escamotean sus derechos fundamentales. Tales grupos o movimientos de liberación buscan también *libertad para* hacer las cosas a su manera, en sus propios términos, sin ninguna interferencia o control exteriores.

Existe una larga historia de movimientos de liberación que reclaman sus derechos. La Guerra de la Independencia Americana y la Revolución Francesa son ejemplos paradigmáticos. Desde entonces, el énfasis sobre la libertad y los derechos humanos ha llegado a formar parte de nuestro pensamiento y nuestra perspectiva. Huelgas de hambre en Irlanda del Norte, comunidades de color en los centros urbanos, trabajadores en Polonia; todos ellos están unidos por la insistencia en lo que cada grupo considera como sus derechos humanos básicos y por la demanda de libertad para vivir como desean, sin ser controlados por otros.

6. Secularización

La secularización es el proceso mediante el cual el pensamiento, la práctica y las instituciones religiosas pierden su relevancia social. Vivimos en mundo secular, en contraste con el mundo de la Edad Media, donde la religión ocupaba el centro mismo de la vida y el pensamiento de la gente. El papel de la

Iglesia y la religión era central e importante, pero ahora no es este el caso. Hemos pasado de las creencias, actividades e instituciones que presuponían creencias cristianas tradicionales, a una sociedad donde las creencias, actividades e instituciones están basadas en el ateísmo. Nuestro pensamiento, nuestras acciones y nuestro propio ser se desarrollan mayormente sin referencia alguna a Dios, la Iglesia o la religión. Esto no significa que haya habido una edad de oro en la que todo el mundo era religioso. Más bien, señala la influencia del cristianismo en la educación, la cultura y la elaboración de las leyes. Las asunciones que existían en el marco de nuestra sociedad eran judeocristianas. Ahora estas asunciones son cuestionadas y cambiadas. Ahora somos gente secular. Esto no es cierto solamente en relación con los aspectos intelectuales de la sociedad, sino que también ocurre en la vida y el trabajo cotidianos. Las asunciones en que nos basamos todos y las cosas que damos por sentadas en nuestra manera de hablar, pensar y vivir en general, no tienen nada que ver con la religión.

¿Cómo se ha producido este cambio? Históricamente hay un número de razones que explican el proceso de la secularización. La *urbanización* condujo a muchas personas desde el campo a los pueblos y grandes ciudades, donde perdieron sus raíces y donde la Iglesia nunca llegó a penetrar. La creciente *industrialización*, con su mecanización y tecnología apartó al obrero de su oficio y transformó el trabajo en un medio para ganarse la vida. A menudo ese empleo es algo despersonalizado y repetitivo. Al mismo tiempo, ha habido un cambio en la forma en que se nos educa. Muchos padres trabajan y ahorran para brindarle a sus hijos la oportunidad de ir a la universidad. Los jóvenes estudiantes vuelven a casa con una actitud muy crítica hacia sus padres, su generación, las ideas que comparten y la sociedad en la que viven. ¿Por qué ocurre esto? Todo comienza en la guardería, donde se favorece un enfoque del aprendizaje centrado en el niño. Este enfoque necesariamente incluye el *cuestionamiento de la autoridad*. Esta es la cualidad especial del sistema de educación británico, a diferencia de otros muchos en el mundo. Le da a la gente la capacidad crítica de evaluar las cosas. No obstante, ser así de crítico requiere cuestionar la autoridad. Nada se da por sentado. Nada es inmune a la crítica. Este estilo crítico y anti-autoritario ha ido minando las sedes tradicionales de autoridad, tales como la Iglesia y el Gobierno.

Quizás el factor que más ha contribuido al desarrollo de la mente secular haya sido el éxito de la ciencia. La ciencia puede enviar al hombre a la luna, curar enfermedades mortales y permitirnos ver lo que está pasando en Australia y Japón en el instante mismo de producirse. Parece como si la ciencia tuviera una capacidad ilimitada para mejorar nuestra calidad de vida. La tecnología, o ciencia aplicada, ha revolucionado los alimentos que comemos, la ropa que vestimos, la manera en que viajamos y los trabajos que realizamos. No es sorprendente que estemos muy impresionados, no sólo con la ciencia, sino también con los científicos. Ellos son los expertos de nuestro tiempo. Son los modernos sacerdotes que tienen poder sobre los misterios de la vida y que nos ayudan a hacer frente a ella. La influencia de la religión ha ido disminuyendo a medida que ha crecido y se ha desarrollado la influencia de la ciencia sobre la naturaleza, la biología, la historia, la psicología y la sociedad. El Dios que antaño parecía conocer las soluciones para todos los problemas que afrontábamos se ha convertido en algo redundante para las nuevas generaciones de innovadores científicos y tecnólogos. Cuando buscamos respuestas para los grandes dilemas de nuestro tiempo nos dirigimos a la ciencia en lugar de a la religión.

7. Reduccionismo

Los expertos científicos son especialistas en sus campos respectivos. La naturaleza misma de las cosas hace que ya no sea posible saberlo todo, tal como se dice que ocurría con Aristóteles. Más bien, parece que los expertos de hoy en día saben cada vez más sobre menos cosas. La especialización científica cada vez es más notable. A nadie sorprende que aquellos que trabajan en un área del conocimiento tan restringida se imaginen que su área es la más importante de todas. Este es el tipo de proceso mental que ha conducido al reduccionismo. Es el intento de reducir situaciones complejas a elementos sencillos. Por ejemplo, pensamos que la actividad de la mente es un asunto complejo. El científico materialista cree que es posible demostrar que todas las capacidades mentales tales como el pensamiento, la memoria, la voluntad y las intenciones, pueden ser reducidas a procesos físicos que se producen en el cerebro. No existe tal cosa como la mente; el funcionamiento de la mente es puramente una cuestión física. El conductista, por su parte, puede dar una explicación diferente de la misma cosa, sugiriendo que no existen los estados mentales. Esos supuestos estados sólo pueden entenderse como un comportamiento verdadero o potencial. Lo que hacemos pone de manifiesto lo que pensamos o sentimos acerca de las cosas. No hay una pantalla de cine dentro de la persona en la que tengan lugar los eventos mentales y donde se muestre lo que va a ocurrir. Simplemente usamos un lenguaje descuidado para hablar acerca de un comportamiento manifiesto y eso nos induce a error, llegándonos a imaginar realidades mentales donde no las hay. Los estados mentales pueden ser reducidos al comportamiento.

Lo que nos concierne a nosotros no es la verdad o falsedad de tales puntos de vista. Lo que importa es que esas teorías, que están encuadradas dentro de lo que podríamos denominar de una manera general como Ciencias Físicas y Sociales, reducen fenómenos complejos que ocurren en el mundo a explicaciones sencillas. Según ellos, esta explicación simplista es necesaria y suficiente. Nos dice todo cuanto necesitamos saber. Los efectos de este tipo de reduccionismo sobre la moral serán objeto de estudio más adelante. Por el momento está claro que el énfasis actual sobre lo científico ha conducido paralelamente al reduccionismo. Éste intenta ir más allá de las apariencias mediante una explicación simple y unidimensional. Es algo que forma parte de la armadura del científico. Podríamos parafrasear la máxima de Guillermo de Occam, "Nunca aceptes una explicación compleja; con una sencilla ya tienes bastante".

8. Pluralismo o Pluralización

Vivir en el mundo de hoy es enfrentarse a una gran variedad de cosmovisiones distintas. Cada uno de nosotros tiene la libertad de escoger dentro de la amplia selección de explicaciones alternativas que existen sobre la vida. Son varias las razones de que hoy en día sea este el caso. La primera la constituyen los *medios de comunicación de masas*. Sentarse a ver el telediario es ser transportado desde Westminster (Londres) a Washington, desde Chipre a Camboya, es ver cómo vive y actúa la gente en cada lugar del mundo. Esta sensación se acentúa aún más cuando hojeamos la revista *Radio Times* y vemos los programas que vienen del extranjero y leemos acerca de otras culturas. El mundo no está tan lejos; se mete en nuestro comedor cada noche a través del televisor que tenemos en un rincón. De esta manera llegan a nuestro hogar toda una serie de puntos de vista y modelos que contrastan con nuestra propia manera de vivir. Estas experiencias hacen que nos planteemos preguntas fundamentales y a la vez difíciles. Estas preguntas se nos formulan de forma muy persuasiva. No se trata de "lo tomas o lo dejas". Los métodos que utilizan los medios de comunicación para presentarnos las cosas suponen una dura prueba para nuestra capacidad de reacción. Programas infantiles como "Blue Peter" son capaces de recoger más de doscientos millones de pesetas en favor de alguna buena causa. La televisión afecta nuestras vidas, y hay un gran debate sobre la influencia que tienen las escenas que muestran imágenes violentas o de contenido sexual. El mundo de los medios de comunicación de masas hace que la familia ordinaria se encuentre con estilos de vida alternativos desde la comodidad de sus propias casas. Tanto si se trata del estilo de vida de los Ewing en *Dallas*, o de los Channing en *Falcon Crest*, de los documentales sobre los vietnamitas de John Pilger, o sobre los americanos de Alistair Cook, lo cierto es que se nos muestran diferentes maneras de ver el mundo.

Los *viajes turísticos* también han ayudado a este proceso, permitiéndonos visitar diferentes culturas. Puede ser la Costa del Sol o las costas de la Bretaña, pero a pesar de la presencia de bares que ofrecen pescado y patatas fritas,[*] sabemos y sentimos que estamos en una cultura diferente. La manera de vestir, los edificios, el tráfico, el idioma, la comida y los olores, todo se suma a la ilusión y el reto de estar en el extranjero. Ciertamente *es* un reto, puesto que muy pronto descubrimos que la gente no actúa

---

(*) Comida típica británica.

como nosotros y que vive de manera muy distinta. Normalmente son las pequeñas diferencias las que nos llaman la atención. En Gran Bretaña dejamos la propina en un platito al terminar la comida y salimos rápidamente del restaurante. En Polonia la propina debe darse directamente al camarero o camarera, aparte de la cuenta y de una manera un tanto ceremoniosa. En un cine o teatro del Reino Unido nos abrimos paso entre la gente que está en el patio de butacas dándoles la espalda. En Polonia este comportamiento sería el colmo de los malos modales; allí uno va pidiendo perdón a los que están sentados en las butacas cara a cara. Detrás de estos sencillos ejemplos de cortesía hay distintos puntos de vista o actitudes ante la vida.

Sin embargo no hace falta viajar al extranjero para saber esto. En la mayoría de ciudades británicas nos encontramos con zonas en las que familias asiáticas o afroantillanas viven vidas que contrastan con las de sus vecinos blancos. No es simplemente una cuestión de color. Tiene que ver con la moral, la cultura, los modelos sociales, el idioma, la dieta, las expectativas, y todas las cosas que juntas forman la herencia y la forma de vida de las personas. Al mismo tiempo, en la medida en que nos hemos ido dando más cuenta de la *presencia de diferencias en nuestro entorno*, nuestros modelos tradicionales de vida se han visto sometidos a una gran presión. Fuerzas económicas, unidas a la gran explosión de conocimiento y tecnología, han hecho necesario que la mayoría de personas haya tenido que mudarse de sus casas y sus familias para encontrar trabajo en otros lugares. Esta movilidad social, económica y geográfica ha ido desmembrando la vida familiar tradicional y los patrones de vida aceptados. No sólo somos libres para escoger diferentes maneras de vivir, sino que también tenemos que adaptarnos a las nuevas demandas de la vida moderna, con todas sus presiones. Maridos y esposas, hijos y padres, obreros y empresarios, profesores y alumnos, todos ellos, se relacionan en toda una gama de formas distintas. No existe un modelo único de relación en cada caso que deba ser adoptado. Las circunstancias nos fuerzan a replantearnos la manera en que vivimos los unos con los otros. ¿Por qué debería ser así en lugar de asá?

La presencia de otros supone nuevas posibilidades para nosotros mismos. Estilos de vida alternativos están más a mano.

El reto de las diferentes maneras de vivir es que no sólo nos dan una oportunidad de ser diferentes, sino que también nos obligan a preguntarnos por qué deberíamos continuar siendo igual que siempre. La variedad de cosmovisiones nos ha confundido y nos ha hecho sentirnos inseguros acerca del valor y la legitimidad de nuestra propia manera de hacer las cosas. ¿Por qué nosotros debemos estar totalmente en lo cierto y todos los demás equivocados?, ¿qué tiene de especial la forma en que hacemos las cosas? Quizá haya algo que aprender de otras maneras de ver el mundo. Esto lleva a algunos a la meditación, detrás de algún gurú. Para otros es una oportunidad de comenzar de nuevo con su educación a través de la Universidad Nacional de Educación a Distancia (*Open University*). Para otros más supone estar en Malta este año y en Singapur el próximo.

9. Relativismo

Hay una postura filosófica equivalente al proceso sociológico de la pluralización; se trata de la filosofía del relativismo. Ésta niega que existan los absolutos. Las cosas solamente están bien o mal, son buenas o malas, en función de un contexto determinado. El relativista se complace en la diversidad de culturas y maneras de ver las cosas. Se trata normalmente de un sociólogo o antropólogo que se dedica a la tarea de describir en detalle los diferentes contextos. Esto, en sí mismo, no sólo es algo inocuo, sino de gran utilidad. El peligro del relativismo viene cuando el relativista va de lo descriptivo a lo normativo. Es entonces cuando deja de limitarse a describir distintas maneras de vivir y comienza a sugerir que nosotros deberíamos adoptar una estrategia ética a la luz de las diferencias existentes, que deberíamos tolerar las diferencias y aceptarlas. "Vive y deja vivir" debería ser nuestro lema, se nos dice. Se propone la tolerancia como la principal de las virtudes. En el próximo capítulo veremos cómo se realiza esto en el contexto ético, así como algunos de los problemas con que se enfrenta este punto de vista.

Por el momento, nuestro objetivo en este capítulo ha sido comenzar a entender el mundo en que vivimos. Para ello hemos examinado algunas de las fuerzas principales que operan en el

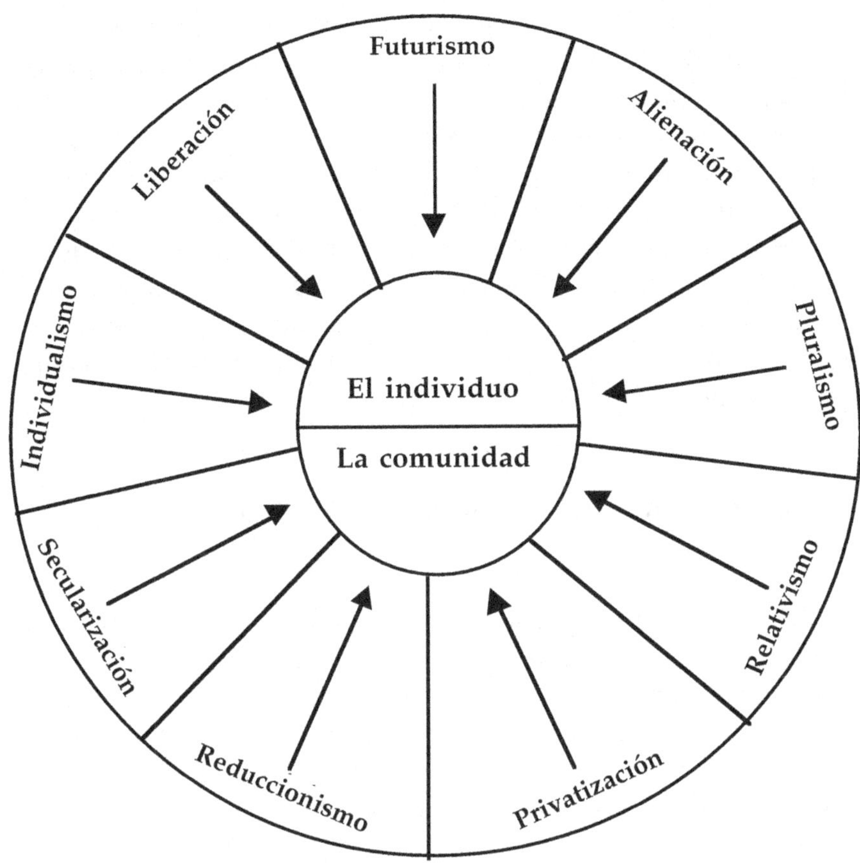

mundo moderno. Estas fuerzas tienen un efecto radical sobre todo lo que hacemos, pero a nosotros nos interesa especialmente su impacto sobre la religión y la moral. La religión ha sido relegada de la posición relativamente central que ocupaba en la sociedad, y ahora ocupa un lugar marginal entre las cosas que interesan y preocupan a la gente. El proceso de secularización ha hecho que la religión aparezca como algo superfluo, limitándose a ofrecernos explicaciones simplemente en términos del mundo de aquí y ahora. La secularización ha producido el efecto de conducir a las personas hacia el ámbito del gueto privado, dejando sus vidas a merced de los expertos científicos. Esto no es tanto un juicio de valor cuanto una descripción de cómo han ocurrido las cosas. Los individuos han construido sus propios mundos de significado y propósito, han creado sus propios ámbitos de seguridad y estima. Al mismo tiempo, la enorme capacidad de explicación de la ciencia, unida al éxito tecnológico, nos ha llevado a un gran optimismo en cuanto a la capacidad de la ciencia y de los científicos para solucionar los problemas del mundo, y a un reduccionismo por parte de algunos científicos. Este reduccionismo busca reducir la religión y la moral a una simple explicación de carácter científico. La presencia de estilos de vida y cosmovisiones alternativas ha hecho que prolifere la búsqueda de explicaciones. El mundo plural en el que vivimos ha alentado la filosofía del relativismo, que niega los absolutos y ensalza la tolerancia como la virtud principal.

EL IMPACTO DEL MUNDO MODERNO SOBRE LA RELIGIÓN Y LA MORAL [*]

En medio de la alienación y de la tendencia a escapar hacia el futuro, es como si la religión hubiera sido pesada en una balanza de precisión y hubiese sido hallada deficiente. Parece que no ofrece respuestas a los problemas de la abstracción, la despersonalización y la alienación. De hecho, algunos críticos sugieren que la religión es en gran medida responsable de esa sensación de desorientación y desesperanza. Tradicionalmente el cristianismo ha señalado al futuro como base de la esperanza, no sólo en una supervivencia individual, sino también en una transformación del mundo y la sociedad. Tristemente, esta esperanza futura ha fallado a la hora de cambiar la realidad del presente y se ha convertido simplemente en una forma de eludir la responsabilidad. Al menos los grupos ecologistas y los manifestantes antinucleares están resueltos a cambiar la situación actual. No es de extrañar, pues, que tanto la religión como la ética hayan ido colocando el acento más y más sobre el individuo y lo personal. Si los problemas del mundo son complejos, la retirada hacia la individualidad ofrece alguna esperanza de seguridad. La Iglesia siempre ha estado en peligro de retirarse a un pietismo individual.

------

[*] En esta sección nos vamos a concentrar en la religión, dejando la moral para el próximo capítulo (Nota del Autor).

El énfasis moderno del existencialismo proporciona un excelente vehículo para poner en práctica ese pietismo.

Algunos teólogos y moralistas se han subido con entusiasmo al tren del existencialismo. Han utilizado el análisis que hace el existencialismo de la situación de la humanidad y de la naturaleza del hombre como medio para llamar a la gente a la vida auténtica. Este vida comienza con un momento de verdadera toma de decisiones. En términos religiosos esto se traduce en seguir el ejemplo de Jesús, quien es presentado como el auténtico hombre. Del mismo modo, la ética ha seguido el énfasis sobre la elección individual como medio para alcanzar la seguridad y como base sólida para las elecciones éticas (ver página 50 y siguientes).

El impacto de la privatización ha reforzado el desplazamiento de la religión y la moral al campo de lo personal y privado. Los derechos y libertades individuales se han convertido en la clave de toda noción ética, tal y como se desprende de las diversas filosofías liberacionistas, mientras que tanto la religión como la moral han salido de la esfera de lo racional y han acabado en la esfera de los sentimientos. Veremos cómo se produce esto en la actualidad en el campo de la ética, pero es evidente que la práctica religiosa moderna pone su acento sobre la experiencia personal como base adecuada de la religión. La música, la adoración, la evangelización y la apologética (o más bien la falta de la misma) revelan una dependencia de las experiencias y sentimientos personales y un deseo de cultivarlos. Pocas veces se intenta la persuasión racional o el debate. Se huye de la mente y se entra de lleno en el terreno de lo subjetivo. El precio de esa huida es alto, ya que mina toda noción de una verdad objetiva, al tiempo que refuerza una visión del mundo frágil y limitada, susceptible al cambio y expuesta a las presiones de otros.

Ante el proceso de secularización, la Iglesia ha emprendido la retirada. Ha primado la experiencia interior, a expensas de la realidad exterior. Ha puesto el acento en la relación propia de cada uno con Dios, como si eso fuera algo independiente de las relaciones con los demás. La Iglesia ha permitido que Dios fuera utilizado para tapar los agujeros de nuestro conocimiento. Dios llegó a ser el dios "tapahuecos". A medida que esos huecos decrecían, también lo hacía la necesidad de un Dios. La religión ha agrandado la brecha entre lo sagrado y lo secular. Se retiró al campo de lo sagrado y dejó lo secular para los dioses de este mundo. Demasiado a menudo esto hizo que la Iglesia enfatizara el ritual, el misterio y las formas culturales de expresión religiosa, en lugar de las realidades hacia las que estas formas de expresión apuntaban. La gente a menudo está más interesada en los llamados "dones espirituales espectaculares", como la glosolalia y la profecía, que en el Dios que ha dado tales dones. La Iglesia también ha permitido que el mundo secular la metiera dentro de un molde, en el que la religión era asociada a puntos de vista obsoletos sobre la ciencia y la metafísica, en lugar de ser libre para enjuiciar tales filosofías. Se ha escrito demasiado ya sobre teología secular y teología secularizada como para que nosotros añadamos algo. No obstante, resulta instructivo observar de qué manera la teología ha estado siendo dominada y moldeada de manera creciente por los retos del secularismo (la filosofía de los secular) y la secularización (el proceso).

Ante el crecimiento de la industrialización, la urbanización, el cuestionamiento de la autoridad y el desarrollo de la ciencia, la religión y la Iglesia no han sido capaces de realizar muchas contribuciones notables. Han sido las víctimas más que los vencedores y paulatinamente han sido consideradas como irrelevantes por un mayor número de personas. Inevitablemente el reduccionismo ha hecho su agosto con la religión y la moral. Ambas han sido reducidas a necesidades psicológicas, presiones sociales o necesidades económicas, y muy a menudo ha habido poca respuesta crítica frente a tales ataques reduccionistas.

El sentimiento de que la religión es algo irrelevante se ha visto reforzado por la presión de la pluralización y el relativismo. El cristianismo ha aparecido simplemente como una opción entre muchas. Se ha dudado de sus afirmaciones absolutas, y su intolerancia ante otras alternativas ha sido considerada como un desafío a la complaciente aceptación del relativista. El impacto no sólo se ha producido sobre el modo en que otros conceptúan la religión cristiana; también ha habido algún efecto directo sobre la misma.

Hubo un tiempo en el que parecía existir una clara línea de actuación cristiana ante la mayoría de asuntos éticos. Ahora parece como si los cristianos pudieran sostener cualquier tipo de postura ética. Sirvan como ilustración los recientes debates sobre la homosexualidad y el divorcio y nuevo matrimonio. Algunos cristianos argumentan que las relaciones homosexuales son expresiones válidas y correctas del amor humano, mientras que otros enfatizan que las Escrituras y la tradición condenan tales prácticas y que, por tanto, nosotros debemos hacer lo mismo. Algunos cristianos creen que no sólo está mal, sino que de hecho es imposible que alguien se case por segunda vez en la iglesia. Cuando estás casado, estás casado, y un divorcio en los tribunales no altera ese hecho. Otros cristianos ponen el acento en el ministerio de compasión y perdón de la Iglesia. Con la ayuda de Dios debe haber una nueva oportunidad para casarse en la iglesia en segundas nupcias.

Lamentablemente, esta diversidad de posturas éticas que se da entre los cristianos es parecida a la diversidad doctrinal imperante. Algunos cristianos creen que la Encarnación es simplemente un mito, y que no fue un hecho histórico real. Otros responden que este escepticismo está injustificado y que Dios se encarnó en Jesús, verdadero Dios y verdadero Hombre, en el transcurso mismo de la historia. Así pues, tanto por lo que hace a estilos de vida como incluso a creencias básicas, el cristianismo parece ser tan plural como el resto de la sociedad, y demuestra estar muy influido también por el relativismo.

El desafío más importante del relativismo se ha dejado sentir en el campo de los estudios bíblicos. Los escritos bíblicos son documentos históricos. Esto significa que fueron escritos desde un contexto particular para una situación determinada. El relativista sugiere que cualquier verdad que contengan los documentos bíblicos es una verdad únicamente para ese tiempo y circunstancias. Esto echa por tierra el modelo tradicional del uso cristiano de la Biblia. Los cristianos han aceptado un concepto muy sólido de autoridad bíblica, reconociendo la Escritura como la palabra de Dios para toda la humanidad. Algunos eruditos bíblicos han seguido una línea relativista y se han mostrado escépticos acerca de la posibilidad de aplicar la enseñanza bíblica a nuestro mundo actual. Este mismo proceso se ha reafirmado con la tendencia por parte de algunos cristianos de usar la Biblia de una manera subjetiva. Se acercan a la Escritura usando el método de colocar el dedo por donde se abra y sacar lo que les interesa. De esta manera, la Biblia solamente dice lo que les dice a ellos. La verdad está en función de su experiencia, y por lo tanto es algo totalmente subjetivo. Así, la religión es meramente un asunto de preferencia personal. Lo tomas o lo dejas. La mayoría de nuestros contemporáneos se sienten muy contentos con dejarlo.

CONCLUSIÓN

Hemos seguido algunas de las vías mediante las cuales el mundo actual ha causado un serio impacto sobre la religión y la moral. Esto nos proporciona una cierta comprensión del contexto general de la toma de decisiones. Ahora vamos a considerar la clase de valores morales que nos rodean. En el próximo capítulo buscaremos el modo de encajar los enfoques filosóficos sobre la ética con la forma en que la gente utiliza los valores éticos a la hora de tomar decisiones.

Capítulo 2

LOS VALORES
QUE NOS RODEAN

Para tomar una decisión éticamente acertada necesitamos comprender el mundo en el que decidimos. En el capítulo 1 hemos observado nuestro mundo actual y hemos intentando ver algunas de las importantes fuerzas que operan en él. Estas fuerzas afectan nuestras decisiones éticas de forma radical porque moldean los valores que todos nosotros mantenemos. Ni los cristianos ni los no cristianos pueden escapar del impacto del mundo moderno. Ese primer capítulo ha sido básicamente sociológico en su intento de describir nuestra sociedad moderna y las fuerzas e ideas que dan forma a la vida que todos compartimos. Ahora es necesario describir nuestra sociedad actual en términos de sus valores éticos.

Nuestra primera reacción es cuestionar si la sociedad moderna tiene de hecho algún tipo de valores morales. Tal reacción no hace sino exagerar el escepticismo y negativismo de la vida moderna y subestimar el papel fundamental de los principios éticos. Todos nosotros nos movemos dentro de marcos ético-morales, aunque quizás sean muy distintos unos de otros o se basen en lo que otros marcos éticos consideren inmoral. Alguien puede creer que está mal ser egoísta y tomar decisiones éticas basándose única y exclusivamente en el egoísmo. Otra persona puede creer que todos somos egoístas y que la moralidad consiste en cuidar siempre del número uno, esto es, de nosotros mismos.

Cuando tal persona adopta una decisión de carácter ético, siempre escogerá la opción más egoísta porque esa es la esencia de su marco moral.

Otra razón que pudiera sugerir que no abunda la moralidad hoy en día es el hecho mismo de la gran diversidad de posturas éticas. De hecho, esto no hace sino probar que no podemos escapar de los puntos de vista éticos, y que la toma de decisiones morales es una parte fundamental de la vida humana. Es más, muchos filósofos han argumentado que la capacidad de tomar decisiones morales es la diferencia decisiva que separa al ser humano del animal o del mundo puramente físico. La amplia variedad de toma de decisiones morales, expresadas de múltiples maneras y aun así todas ellas esencialmente éticas, confirma su punto de vista.

Si voy a ir a pasar el día a algún lugar nuevo, puede que le pregunte a un amigo que ya lo ha visitado qué debería ver durante mi visita. Él puede responder de dos maneras. Podría darme un mapa cartográfico de la zona. Eso me proporcionaría una gran cantidad de detalles y una información completamente actualizada sobre el lugar, los servicios disponibles y su entorno. Eso está muy bien si tengo tiempo para visitar los sitios más apartados y menos conocidos, y si puedo descifrar la jerga técnica utilizada por quienes elaboran esa clase de mapas. Si me quejo a mi amigo diciéndole que no tengo ni el tiempo ni los conocimientos adecuados para usar esa mapa, puede que me haga un pequeño mapa del área, subrayando los lugares más céntricos e importantes para visitar. Esto sirve perfectamente para mi propósito de realizar una breve visita al lugar.

Al observar los valores que nos rodean tenemos necesidad de un mapa. Al igual que el visitante que necesita algo de ayuda, podemos disponer de dos tipos distintos de mapa para ayudarnos. El primero sería una visión técnica y detallada de la situación exacta del área moral de hoy en día. El otro sería una guía general que intentase subrayar las cosas importantes y proporcionar una idea de conjunto de los valores presentes en la sociedad. Hacer el primer tipo de mapa es tarea que corresponde al especialista en ética filosófica o al teólogo moralista. El segundo de los mapas posibles es el que vamos a seguir, ya que nuestro objetivo es ver el contexto general y subrayar los temas importantes, sin fijarnos en cada detalle. Esto quiere decir que la perspectiva del mapa es limitada. Nuestro mapa de la moralidad está diseñado para proporcionar una impresión global que sea sustancialmente correcta, aunque no tan cuidadosamente expresada y documentada como los detallados mapas de los cartógrafos éticos.

Cada mapa, incluso el más sencillo, está compuesto por diferentes elementos. Nuestro mapa comienza realizando una suposición. Supone que los valores generales en nuestra sociedad comienzan y terminan con la experiencia humana de este mundo. Dicho de otro modo, nuestro mapa presentará la moralidad sin referencia alguna a Dios. Intentará esbozar la moralidad del hombre si éste comienza exclusivamente a partir de lo humano. ¿Cuáles son, pues, los diversos aspectos de la experiencia humana? En términos generales, podemos distinguir tres experiencias particulares clave que todos tenemos: *pensamientos, sentimientos y deseos*. Podemos pensar y usar la razón. Podemos presentar y seguir un argumento en nuestras cabezas además de sobre un papel. Podemos reflexionar sobre lo que hemos experimentado y podemos sacar conclusiones acerca de lo que hemos hecho y haremos. Todos tenemos la experiencia del pensamiento. En contraste con eso tenemos sentidos –tacto, gusto, vista, oído y olfato– que nos proporcionan diferentes sensaciones. Experimentamos el mundo que nos rodea a través de nuestros sentidos. También tenemos sentimientos de emoción. Nos sentimos tristes o alegres, enfadados, desanimados, y un montón más de emociones. Somos seres que sienten. Desde luego podemos pensar y reflexionar acerca de estos sentimientos y sensaciones, pero pensar acerca de la sensación del tacto o de la ira no es lo mismo que sentir la ira o tocar algo. Yo puedo darle la mano a alguien muy famoso y sentir toda una serie de sentimientos, desde el tacto hasta el orgullo y el asombro. Más tarde, cuando me niego a lavarme la mano durante días y recuerdo que le di la mano a aquel famoso personaje, estoy pensando acerca de lo que experimenté, en lugar de tener la experiencia misma. Tenemos sensaciones y experiencias, que pueden ser distinguidos de nuestra reflexión sobre estas sensaciones y experiencias. Tenemos sentimientos.

De la misma manera, tenemos deseos. En otras palabras, ejercitamos nuestras voluntades. Decidimos hacer o no hacer ciertas cosas. Intentamos hacer cosas y algunas veces las conseguimos, pero también puede ocurrir que tengamos demasiadas intenciones y que nunca se lleven a la práctica. Puedo encontrarme en la cama, pensando que he de levantarme; pero pensar acerca de ello no me mueve del calor y confort de la cama. Necesito ejercitar mi voluntad. Tomo la decisión de levantarme y normalmente me levanto, más bien tarde que temprano. Pero existen otras decisiones que tomo o intenciones que formulo, que nunca llego a completar. Puede que tenga la intención de telefonear a casa y decir que llegaré tarde esa noche, pero se me olvida o estoy demasiado ocupado. Me dije a mí mismo: "Llamaré a casa". Tuve la intención de hacerlo, quise hacerlo, pero no lo hice. Estos actos de la voluntad e intenciones muestran que tenemos deseos y tomamos decisiones.

Es importante darse cuenta que al describir la vida humana en estas tres categorías *no* estamos diciendo que sean totalmente independientes, ni que no tengan nada que ver unas con otras. De hecho, no serían experiencias humanas a menos que tuvieran mucho que ver entre sí. Normalmente están muy integradas, y así, nuestro pensar, sentir y desear suelen ir de la mano. Lo que estamos diciendo es que la ética moderna, especialmente entre los filósofos de la ética, consiste en un debate acerca de la fuente de la ética.

¿De dónde viene la moral? Si respondemos que el hombre mismo es la fuente de la ética, entonces debemos preguntar: "Bien, ¿qué aspecto de la vida humana es la fuente de la ética?" Los modernos filósofos de la ética dan tres respuestas distintas a esta pregunta. Algunos sugieren que la *razón* es la fuente básica de la ética. Otros argumentan que es la *experiencia*, particularmente las sensaciones o emociones. Otros apuntan a la *voluntad* como la base y el terreno del que surge la moral. Recuerde que esta forma de dibujar el mapa es un borrador, y que busca dar una impresión general correcta y no una descripción técnica detallada. Ahora podemos tratar los elementos específicos de nuestro mapa de la moralidad.

EL MAPA DE LA MORALIDAD

Si comenzamos con la razón como la fuente de la ética, esa parte del mapa se vería como en la figura A (página 38).

Si comenzamos con la experiencia, ese trozo del mapa sería como el de la figura B (página 38).

Si comenzamos con la voluntad, el detalle del mapa se vería como aparece en la figura C (página 39).

Al juntar las distintas partes del mapa obtenemos un bosquejo semejante al de la figura D (página 39).

1. La razón como base de la ética

A mucha gente le impresiona la capacidad de razonar y pensar que tiene el hombre. Desde Platón (c. 430-347 a. de C.) en adelante algunos filósofos han intentado basar sus teorías sobre esta capacidad. Aplicado a la moral, postulan que uno puede alcanzar conclusiones éticas basándose tan sólo en el pensamiento. Esta postura ha tomado dos direcciones distintas.

(1) Naturalismo

Algunas personas creen que pensando acerca de la naturaleza es posible discernir ciertas verdades éticas. Por "naturaleza" se entienden dos cosas concretas. Mirando la naturaleza del mundo uno puede discernir la verdad ética. Mirando la naturaleza del hombre y la mujer uno puede ver la verdad ética. Esta base para la ética supone que hay en la naturaleza de las cosas o en la naturaleza de las personas (o en ambas) una moralidad que la razón puede discernir. El bien y el mal son aspectos *naturales* del mundo, de la humanidad o de ambos. Esto quiere decir que contemplando cómo es el mundo podemos ver una moralidad en la naturaleza. Si hacemos ciertas cosas, otras ocurren como consecuencia. El mundo funciona de tal manera que lo que uno siembra es lo que recoge. La ley física de causa y efecto también es aplicable en un sentido moral. De la misma manera la naturaleza del hombre deja entrever elementos éticos. Así, llegamos a entender que hay ciertas cosas que son buenas para las personas, y otras cosas que son malas. Bien y mal se utiliza en referencia a las cosas que son buenas o malas para la gente. La tarea del moralista es pensar acerca de la naturaleza del mundo y de las personas, de modo que todos podamos comprender lo que es bueno y lo que es malo. Por lo tanto, nos es dado describir el bien y el mal, lo bueno y lo malo, a partir del mundo natural y de la naturaleza humana. Estas descripciones surgen mediante la utilización de la razón. Pensando sobre el mundo y la naturaleza del ser humano podemos alcanzar conclusiones éticas.

<table>
<tr><td colspan="2" align="center">Razón</td></tr>
<tr><td>Naturalismo</td><td>Intuición</td></tr>
<tr><td colspan="2" align="center">Descriptivismo</td></tr>
</table>

Figura A

<table>
<tr><td colspan="2" align="center">Experiencia</td></tr>
<tr><td>Subjetivismo</td><td>Egoísmo</td></tr>
<tr><td>Emocionalismo</td><td>Hedonismo</td></tr>
<tr><td>Relativismo</td><td>Utilitarismo</td></tr>
</table>

Figura B

Voluntad

Existencialismo Prescriptivismo

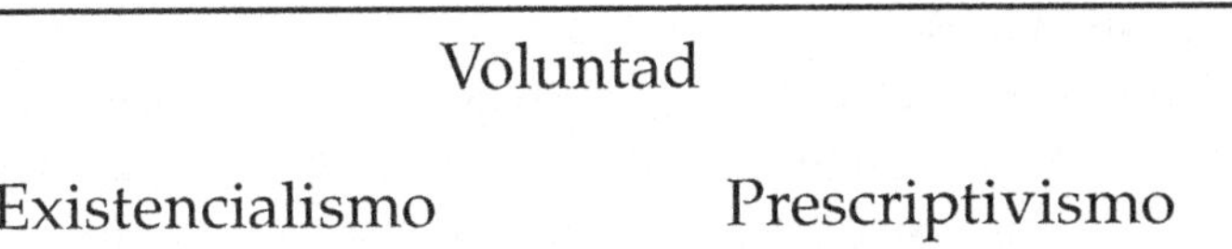

Figura C

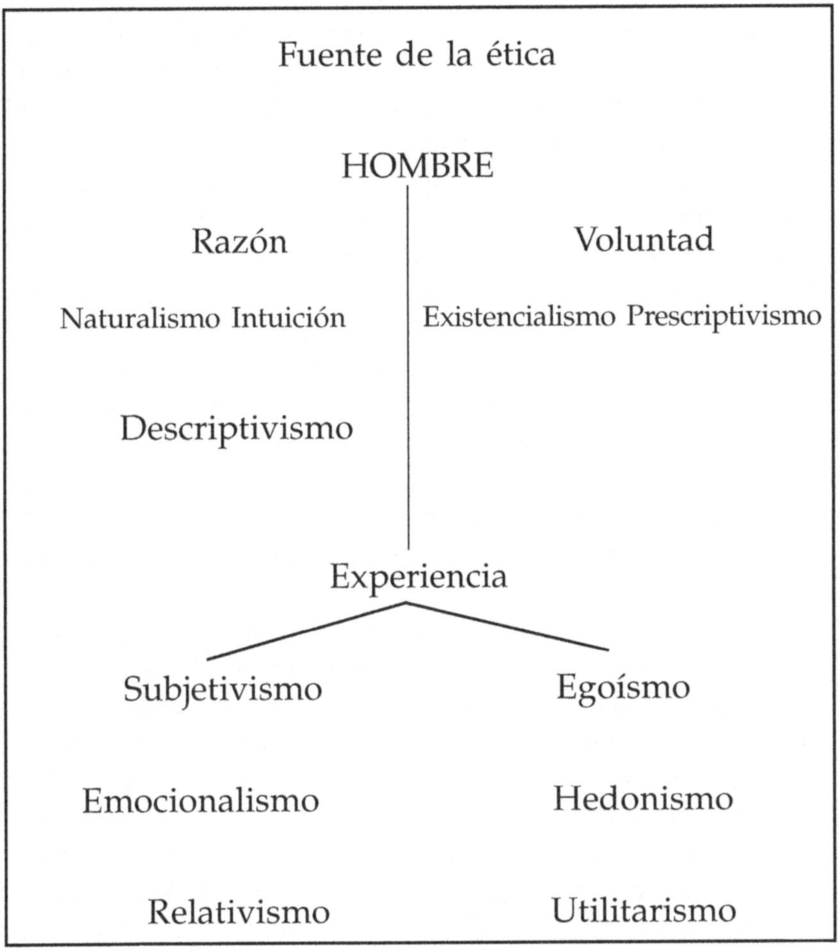

Figura D

(2) Intuición

El meollo de este punto de vista es que el bien y el mal resultan obvios para cualquier persona razonable. Si se coloca a una persona en una situación en la que debe tomar una decisión ética, la persona *sabrá* lo que está bien y lo que está mal. Sopesando la situación será capaz de llegar a entender qué debe hacer o qué no debe hacer. El uso de la razón le dará una intuición del bien y el mal. La intuición es una forma directa de conocimiento. Consiste en darse cuenta de qué va la cosa. Cuando alguien cuenta un chiste a veces se produce una pequeña pausa hasta que la audiencia lo capta. El momento en el que se "ve" el chiste es el momento de la intuición. Paralelamente, los que apoyan la razón dicen que es posible intuir el aspecto ético de una situación. Uno simplemente sabe lo que es bueno y lo que es malvado, distinguir lo bueno de lo malo. No se puede explicar en detalle. De hecho, uno no siente la necesidad de dar explicación alguna. En otras palabras, la moral es evidente por sí misma.

Los proponentes de este punto de vista, que afirma que la razón es la base de la ética, no pretenden que esa evidencia implique que no se requiera un esfuerzo a la hora de tomar decisiones morales. Muy al contrario, por "evidente por sí misma" entienden que para cualquier persona razonable resultará claro lo que debería hacer, pero sólo después de un proceso deliberado en el que se sopesa la situación, se evalúan los hechos y se consideran las consecuencias. Desde luego que si uno es poco razonable o irracional será incapaz de alcanzar la intuición.

El ejemplo más obvio de este tipo de enfoque es la conciencia. Cuando nos encontremos ante un dilema ético y nos veamos en la necesidad de tomar una decisión de carácter moral, nuestra conciencia nos dirá lo que debemos hacer. La conciencia es considerada como la voz interior que nos advierte y nos da dirección moral. La gente sabe lo que está bien y lo que está mal porque sus conciencias se lo indican. Puede que aún así hagan lo malo, pero *saben* que está mal y son conscientes de que lo están haciendo. Eso tiene sentido, y dado que la gente es esencialmente la misma (todos tenemos la misma naturaleza) nuestras conciencias nos dirán el mismo tipo de cosas. Los que critican este punto de vista señalan las ocasiones en las que la conciencia de las personas les dice cosas contradictorias. Entonces el que cree en la razón se defiende enfatizando que en tales situaciones de conflicto la única manera de resolver el asunto es ofrecer las *razones* por las que uno ve las cosas de esa manera. El hecho de que justifiquemos, o intentemos justificar, nuestras decisiones y conclusiones morales prueba que en realidad la razón está en el corazón mismo de la ética.

(3) Descriptivismo

Los dos hilos del naturalismo y la intuición moral se unen en la ética filosófica moderna bajo el título general de "descriptivismo". El descriptivista cree que en el mundo, de una manera similar a los fenómenos físicos, existen también fenómenos morales. Podemos entender la ética descubriendo y describiendo estos fenómenos morales. A la hora de enseñarle a la gente a ser ética, o de justificar las decisiones éticas que tomamos, el descriptivista se deja guiar por la razón para que le ayude a localizar los hechos morales "descarnados" y para alcanzar a comprender el significado de estos hechos. Son hechos "descarnados" porque son absolutamente básicos y no se puede ir más allá de ellos en busca de otro nivel superior de explicación. Las explicaciones se detienen en esos fenómenos. No hay nada más que explicar y tampoco hay ninguna otra explicación posible.

(4) Algunas reflexiones críticas

Nuestra verdadera tarea consiste en darnos cuenta de que en nuestro mundo moderno hay gente que entiende que la razón es la fuente de la ética. Apelan a la naturaleza del mundo, la naturaleza de la humanidad, la intuición o la conciencia como el material que utiliza la razón para tomar decisiones éticas. Existen muchas formas de criticar este punto de vista. Nosotros simplemente nos limitaremos a mencionar algunos de los problemas a los que se enfrenta, con el fin de mostrar que no podemos aceptar sin más, sin pensar cuidadosamente acerca de ello, lo que los filósofos de la ética puedan decir.

¿Acaso este tipo de enfoque racional no supone que las personas son totalmente razonables? ¿No es cierto que muy a menudo la gente es demasiado humana y se deja influir por toda una serie de temores irracionales, sentimientos y actitudes? Incluso si no fuera este el caso, el enfoque racionalista parece ser más aplicable al que es muy inteligente, y no tanto a la persona común y corriente de la calle. El acento sobre la razón ciertamente parece basarse en la creencia de que las personas son razonables y que serán honestas y actuarán en base a su pensamiento racional. Eso es ser muy optimistas, ¿no?

El naturalismo se encuentra con otro tipo de problemas. Lo que es natural para el hombre del siglo XX es muy diferente de lo que era considerado natural por las gentes del siglo II. ¿Realmente tiene algún contenido la noción de "lo que es natural"? El que se basa en la intuición tiene problemas similares. Si es posible tener una intuición, ¿no es posible también *no* tenerla? ¿Qué hacemos si personas igualmente razonables piensan profundamente sobre exactamente los mismos hechos, en exactamente la misma situación, y llegan a conclusiones distintas? Quizás la crítica clave contra la razón como única base de la ética sea que, incluso cuando *sabemos* lo que está bien y lo que está mal, el simple hecho de saberlo no nos ayuda a hacer o dejar de hacer lo bueno o lo malo. La ética tiene que ver con lo que se hace, y no sólo con lo que se piensa.

Desde luego que hay respuestas a estas cuestiones y el debate continúa. Describir algo más sobre el debate sería movernos en el área de los mapas cartográficos de la ética. Nuestro propósito es mostrar cómo algunas personas argumentan que la base de la ética se encuentra por la razón, en la naturaleza o en la intuición. Creen que es posible describir hechos morales acerca de la humanidad y del mundo. No obstante, hay quienes rechazan estas ideas y no creen en los "hechos o fenómenos morales". No piensan que podamos describir la ética únicamente mediante la razón, y llaman nuestra atención hacia los sentimientos y la experiencia.

2. Los sentimientos como base de la ética

Cuando se toma el sentir como la esencia de la ética, hay dos claras líneas de pensamiento. La primera dice que la ética toca al sentir en general. La segunda que la ética toca a los sentimientos de placer. Veremos a cada línea en su turno.

(1) Subjetivismo

En tiempos recientes el gran debate de la filosofía se ha producido entre la razón y la experiencia. Los *racionalistas* argumentaban que la razón era la fuente de todo conocimiento. Los *empiristas* replicaban que el conocimiento auténticamente útil procedía de la experiencia de los sentidos. No decían que la razón no proporcionara conocimiento, sino más bien que la razón no proporcionaba un conocimiento *útil*. La razón sólo proveía definiciones y expresaba lo que ya sabíamos. Por contra, el conocimiento empírico revelaba las cosas genuinamente nuevas y útiles. Este punto de vista tiene muchas implicaciones, pero nuestro interés reside en el impacto que este rechazo de la razón ha tenido sobre la ética. Si la ética no está fundada sobre la razón, entonces ¿cuál es la base sobre la que se asienta? El subjetivista afirma que la ética es meramente un asunto de gusto y preferencia personales. Lo que está bien o mal depende de mí y de lo que yo sienta. Ocurre que la gente tiene sentimientos muy fuertes sobre ciertas cosas. No se trata de algo razonable, sino simplemente de lo que sienten. Esto explica por qué hay tan gran variedad de puntos de vista éticos. Diferentes personas sienten de distinta manera y por eso llegan a posturas éticas distintas. La ética es, esencialmente, un asunto de preferencia personal. Es una cuestión de gusto.

(2) Emocionalismo

El problema con el subjetivismo es que no parece explicar lo que estamos haciendo cuando pronunciamos juicios éticos. Las personas enjuician otras personas y situaciones. ¿Qué es lo que pasa cuando hacen tales juicios? El emocionalista es un fiel seguidor de la línea subjetivista. Toma como referencia la situación en la que una feminista radical y un miembro de la Society for the Protection of the Unborn Child (Sociedad para la Protección del Niño No Nacido) debaten sobre el aborto. La feminista dice: "El aborto es un derecho de cada mujer. No hay nada malo en el hecho de abortar". El miembro de SPUC[1] argumenta de este

---

1. Siglas correspondientes a la Society for the Protection of the Unborn Child (Nota del Traductor).

modo: "El aborto es algo perverso y está mal. Se trata del asesinato de una vida inocente. El feto tiene derechos, ya que se trata de un ser humano". El emocionalista sugiere que el debate puede resumirse de la siguiente manera:

Feminista: Aborto - ¡Hurra!
Miembro de SPUC: Aborto - ¡Fuera!

Para el emocionalista la ética tiene que ver con los sentimientos. Cuando hacemos un juicio ético, según él estamos haciendo dos cosas distintas: a) estamos *expresando nuestras emociones* sobre el tema en cuestión. Aireamos nuestros sentimientos. Le decimos a la gente que sentimos y qué es lo que sentimos, y b) estamos *intentando animar* a otros para que compartan nuestros *mismos* sentimientos al respecto. Si yo utilizo las palabras «bien» o "mal", estoy diciendo que algo me gusta o que algo no me gusta. También estoy deseando que a usted le gusten o disgusten las mismas cosas. Cuando vemos carteles con niños hambrientos en alguna valla publicitaria el anunciante está tratando de ganarse nuestros sentimientos. Deberíamos sentir lástima por los niños y sentirnos culpables por nuestra falta de preocupación por ellos. Deberíamos acabar diciendo: "Está mal que la gente se muera de hambre". El emocionalista cree que hacemos esta clase de juicios éticos en base a nuestros sentimientos. Los sentimientos conducen a las acciones. Para el emocionalista la ética es una cuestión de expresar los sentimientos y animar a otros para que se sientan igual.

(3) Relativismo

El enfoque del subjetivismo y el emocionalismo, que enfatizan el papel de los sentimientos, puede terminar en lo que se conoce como relativismo. Si la ética está basada puramente en sentimientos y emociones, entonces cabe esperar que la ética fluctúe de acuerdo a la persona que tiene esos sentimientos y emociones. Dicho de otro modo, esta manera de acercarse a la ética aboca a la conclusión de que la ética es algo relativo a un persona en particular (o un grupo de personas) en un lugar y un tiempo determinados, y en un contexto particular. El relativista niega que existan absolutos. Todo es relativo. Todas las normas, principios y puntos de vista éticos dependen de las culturas y contextos particulares, y de la gente que vive en ellos. Puede que en Tombuctú[2] esté "bien" comerse a los abuelos mientras se encuentran en buen estado, para así enviarlos a la otra vida con buena salud, o que en Taunton esté "bien" llevarlos a una residencia de ancianos, o que en Tiree esté "bien" traerse a los abuelitos a casa, a pesar de los posibles efectos de tal acción. La gente en cada uno de estos lugares diría que está "mal" lo que les ocurre a los abuelos en los otros dos lugares.

El relativista usa este tipo de argumentos para mostrar que lo que se considera "bueno" o "malo" varía en diversos lugares de mundo y a lo largo de la historia. La ética varía de época en época, de lugar en lugar, de sociedad en sociedad, de cultura en cultura. La ética de la Edad Media es distinta de la del siglo XX. Los principios éticos y la práctica en una comuna hippy serían diferentes de los que se darían en un monasterio trapense. Pero, ¿y qué? El relativista no se detiene en que la ética es algo relativo, sino que va más allá haciendo su recomendación particular.

A la luz de lo relativa que es la ética, seamos tolerantes. Si la ética es puramente subjetiva y relativa, seamos menos críticos con los demás y menos dogmáticos con respecto a nuestros propios puntos de vista éticos. Aceptemos diferencias éticas. Permitamos a todo el mundo que haga lo que quiera. Rehusemos forzar nuestras creencias acerca de lo que está bien y de lo que está mal sobre otras personas. Seamos tolerantes. Después de todo, "bien", "mal", "bueno" y "malo" son tan sólo sentimientos. Los sentimientos de una persona son tan válidos como los de otra. Que cada uno haga lo que bien le parezca, puesto que la integridad moral consiste en ser coherentes con nuestros sentimientos y convicciones.

Si comenzamos con la experiencia como la base de los juicios éticos, acabamos con una moral individual. El relativismo entraña que cada persona se complazca a sí misma, que cada uno haga lo que le parezca y deje que los demás también hagan lo que les

---

2. Lejano lugar imaginario (Nota del Traductor).

parezca. No existen los absolutos éticos ni los principios morales fijos. Los puntos de vista éticos *no* son verdaderos o falsos. Son, simplemente, una cuestión de gusto.

(4) Algunos comentarios críticos

Mucha gente ha puesto en duda que la ética sea realmente un asunto *subjetivo*, sugiriendo que existen elementos *objetivos* en la misma. Señalan al consenso general existente en diversos códigos morales sobre la centralidad del asesinato y la santidad de la vida, el decir la verdad y cumplir las promesas, y algún tipo de orden en el comportamiento sexual. Parece como si todos los códigos morales tuvieran algún expresión de tipo ético respecto a estos temas, aunque puedan diferir en los detalles. Se afirma, pues, que estos temas comunes son objetivos. Un punto de mayor importancia aún es que para hablar con algo de sentido acerca de un asunto ético debemos tener algún tipo de acuerdo con respecto a lo que constituye la ética y lo que es éticamente relevante e irrelevante. Si este no fuera el caso no podríamos entender los puntos de vista del otro. Es decir, que la argumentación, la justificación y el debate éticos presuponen un área objetiva a la que podemos referirnos y por medio de la cual se pueden expresar, y con el tiempo resolver, las discrepancias éticas.

El intento de reducir la ética exclusivamente al ámbito de los sentimientos se ha encontrado con un buen número de problemas. Incluso si es cierto, y sin duda lo es, que nuestros sentimientos toman parte en nuestros puntos de vista éticos, eso no quiere decir que tales opiniones estén *basadas únicamente* sobre los sentimientos. Podemos, y de hecho lo hacemos, dar *razones* del por qué pensamos que las cosas están bien o mal. Existen ejemplos de decisiones éticas que se toman en contra de nuestros propios sentimientos y deseos. Yo puedo sentir una gran simpatía e interés por un niño travieso, y al propio tiempo juzgar sus acciones como malas y castigarle por ellas. Cumplo así con mi obligación, a pesar de mis sentimientos. Hacer lo correcto *no* es lo mismo que hacer lo que siento.

Del mismo modo, el enfoque relativista también se topa con problemas. La afirmación misma del relativismo parece echar piedras contra su propio tejado. Si no hay absolutos, ¿cómo puede decir el relativista que "todo es relativo"? Si este es un juicio absoluto, entonces viene a demostrar que hay una cosa que no es relativa, esto es, el aserto "todo es relativo". Por otro lado, si este juicio que se hace es relativo, significa que sólo es relativamente cierto que "todo sea relativo", y que la verdad sea verdad solamente en un contexto particular, en un momento concreto y para un tipo de personas determinadas. Este tipo de críticas intenta detener el relativismo incluso antes de que se ponga en marcha, dando a entender que el relativismo es, literalmente, absurdo. Otros intentan criticar el relativismo examinando sus ejemplos. ¿Es verdad que no hay nada en común entre el comportamiento de la gente en Tombuctú, Taunton y Tiree? Se podría argumentar que todos ellos están mostrando el mismo tipo de preocupación. Están interesados en el bienestar de sus abuelos y en hacer lo que puedan por ellos. Lo que ocurre es que sostienen creencias distintas sobre cómo conseguir lo mejor, pero tienen una preocupación ética objetiva común por sus parientes mayores.

La última de las críticas posibles que mencionaremos tiene que ver con la noción de tolerancia. Cuestiona si la tolerancia es la conclusión adecuada al problema del relativismo. Si el relativismo es verdad, la tolerancia tan sólo es relativa a un contexto particular. No puede tener una aplicación absoluta y universal, además de verse necesariamente limitada cuando se enfrenta a la intolerancia. Por ponernos en un caso extremo, podríamos preguntarnos: ¿"Hasta qué punto podemos ser tolerantes con una persona que es intolerante con la gente tolerante"? ¿Estaríamos dispuestos a tolerar que acabaran con nosotros?

Ninguno de los argumentos anteriores pretende ser una respuesta completa a los que opinan que la ética está basada en los sentimientos en general. Más bien, tienen el propósito de enseñar algunas de las preguntas que nosotros deberíamos hacerles a los que propugnan este punto de vista.

Sin embargo existe otra versión, desde la perspectiva de la experiencia, que afirma que la ética tiene su origen en un tipo determinado de sentimientos.

3. Una perspectiva experimental alternativa

(1) Egocentrismo

El conjunto concreto de sentimientos que se toman frecuentemente como fundamento ético son aquellos relacionados con el placer. Detrás de este punto de vista se halla una filosofía general que nosotros llamamos egoísmo, y que el filósofo denomina egocentrismo. El egocentrismo es la teoría moral que afirma que el interés propio o el egoísmo forman la base de nuestros puntos de vista y actitudes éticos. Cuando hacemos juicios éticos los hacemos para autocomplacernos. Esta idea general pronto adopta una forma específica, conocida como hedonismo.

(2) Hedonismo

El hedonista cree que proporcionarnos placer (o realizar juicios éticos) consiste esencialmente en la búsqueda misma del placer y el intento de evitar el dolor. A todos nosotros nos preocupa conseguir el mayor placer posible, tanto como evitar en lo posible la incomodidad y el desasosiego. El hedonista dice que cuando tomamos decisiones éticas lo que estamos enjuiciando es lo que nos hará sentir más placer, tanto de manera directa como indirecta, al evitar el dolor. Para algunos hedonistas esta descripción es puramente psicológica. Se trata simplemente de un enunciado sobre la manera en que funcionamos. Las personas están motivadas por el placer. Tratan de hacer las cosas que les gustan y de evitar las cosas que les causan dolor o angustia. Otros van más allá y afirman que el hedonismo es una postura ética propiamente dicha. Intenta regular lo que la gente debería hacer en la vida. Todos deberían buscar el placer. El seguidor de la ética hedonista da unas normas acerca de cómo deberíamos vivir nuestras vidas particulares y cómo debería regirse la sociedad. De una manera natural esto conduce a la teoría del utilitarismo.

(3) Utilitarismo

Los principales exponentes del utilitarismo fueron Jeremy Bentham y John Stuart Mill. Sus propias vidas y carreras políticas refuerzan el objetivo último de su filosofía. El utilitarismo se preocupa por la reforma social. Comienza preguntando qué tipo de leyes debería tener nuestra sociedad. Su respuesta es: "leyes que hagan feliz a la gente". Esta idea continúa estando presente hoy en día en el corazón del gobierno. En el año 1981 el gobierno del Reino Unido adoptó una serie de políticas restrictivas y de duras medidas económicas. Únicamente los más necios se imaginarían que tales políticas eran fruto del sadismo del gobierno y de su deseo de ganarse la impopularidad que a menudo acompaña a la aplicación de ese tipo de políticas. De hecho ese ajuste tan duro fue considerado por parte del gobierno como esencial para que, *al final*, los británicos se encontraran en una situación de mayor felicidad. Podemos preocuparnos por el optimismo que demuestra, pero la intención es clara. La prioridad es la reelección, y eso entraña asegurar que el electorado esté más contento con la política del gobierno en general, que con la de otros partidos. Nuestros sistemas parlamentario y legislativo dependen de esta idea de hacer que la gente se sienta más feliz, o de crear las condiciones en las que las personas puedan ser más felices.

El centro del utilitarismo es el Principio de la Máxima Felicidad (PMF). Enfatiza que la ética tiene que ver con la máxima felicidad del mayor número de personas. Deberíamos buscar la manera de dar placer y evitar el dolor a cuantos más mejor. Naturalmente, Bentham se dio cuenta de que para que este punto de visto funcionara era necesario que el placer pudiera medirse. Para ello ofreció el siguiente cálculo de placer:

Duración	—	Cuánto dura
Intensidad	—	Cuál es su intensidad
Propincuidad	—	Lo cerca que está de producirse
Extensión	—	Cuánto abarca
Certeza	—	Qué seguridad tenemos de que se producirá
Pureza	—	Hasta qué punto está libre de dolor
Fecundidad	—	En qué medida conducirá a más placer

Bentham creyó que era posible dar un contenido específico a las nociones de bueno, malo, bien y mal, en función de la cantidad de placer o dolor que se producía en determinadas situaciones.

Mill intentó reformular la teoría del utilitarismo, de manera que evitara los problemas de convertirse en injusta. Como profesor que soy, nada me proporciona más placer que el sonido de mi propia voz en presencia de una audiencia cautiva de estudiantes. Como persona profundamente sensible, mi capacidad de placer (y de dolor) es muy grande, así que cuando pienso cuánto va a durar mi explicación para un grupo de estudiantes determinados en una mañana, se me ocurre que sentiría un mayor placer si me extendiera durante tres horas que si lo hiciera por un período inferior. Inmediatamente después imagino cuánto dolor le causaría esto al cuerpo estudiantil. Tal vez uno o dos se aburrirían. Otros pocos se quedarían tiesos, pero al final, dada la poca sensibilidad de los estudiantes, la cantidad de dolor derivada de ello sería considerablemente menor que la cantidad de placer que me proporcionaría. Haciendo este cálculo en términos estrictamente utilitarios, podría ponerme a explicar la lección a estos hipotéticos estudiantes por espacio de tres horas. El problema es que nuestra reacción natural (y la suya) es que esto es injusto. Ellos son más que yo, así que ¿por qué debería tener preferencia mi placer personal? Podría responder que *cualitativa* y *cuantitativamente* mi placer es mayor. Aún así persistiría un fuerte sentimiento de injusticia. Mill intentó contrarrestar este tipo de problema introduciendo un Principio de Justicia (o Equidad). Decía que cada uno contaba por uno y no más de uno. Así, al aplicar el cálculo de placer también debemos ser justos. Por tanto, el utilitarismo se preocupa de que el mayor número de personas obtenga la mayor felicidad posible de un modo justo.

Hemos visto que la filosofía del egocentrismo se expresa a través de la ética hedonista que considera que las decisiones éticas se toman en base al placer y al intento de evitar el dolor. En el utilitarismo esto se convierte en una teoría social que se preocupa de realizar juicios morales basándose en la máxima felicidad del mayor número.

(4) Algunos comentarios críticos

Obviamente existe una considerable inquietud a la hora de querer basar la ética sobre el egoísmo o la búsqueda del placer propio. ¿En qué consiste este placer y cómo se define?, ¿es lo mismo para todos?, y ¿qué hay de los sádicos y masoquistas? De hecho, la ética parece tener que ver mucho más con el deber, la obligación y la responsabilidad que con el placer. Cumplir con el deber de uno no siempre es placentero, pero puede que aún así sea lo correcto. Puede que me lo pase muy bien haciendo algo y que esa actividad me reporte un gran placer, pero con todo y con eso todavía es necesario que me pregunte si *debería* estar haciéndolo. La pregunta por el deber es la pregunta ética, y eso es mucho más que el placer.

Asimismo, el utilitarismo se encuentra con problemas. Ha sido criticado por estar interesado únicamente en las consecuencias de las acciones. La ética *también* tiene que ver con los *motivos* y las *intenciones*. El por qué hacemos algo importa tanto como las consecuencias de nuestra acción. Es más, puede que tengamos muy poco control sobre las consecuencias, así que no tiene mucho sentido que nos hagamos responsables de todas las consecuencias. El cálculo de Bentham también ha sido criticado. ¿Es cierto que podemos medir de verdad el placer o el dolor?, ¿cuáles son las unidades básicas de placer?, ¿funciona el cálculo?, ¿ayuda en algo? ¿Cómo puedo sumar el placer que me produce una victoria escocesa en Wembley con el disfrute de un buen filete y el dinero que ganó la Federación de Fútbol con este deporte? Algunos han argumentado que existe un conflicto entre la *calidad* y la *cantidad* de placer. Otros han mostrado la tensión existente entre el Principio de la Máxima Felicidad y el Principio de Justicia. Pudiera darse el caso de que todos acabáramos haciendo lo que quieren los chinos porque son más.

4. La voluntad como fuente de la ética

(1) Existencialismo

El último elemento de nuestro mapa de la moralidad es la voluntad como la fuente de la ética. Aquí la tentación de hacer un relato detallado es muy grande, pero ya hemos visto algo de la primera de las formas que adopta éste punto de vista. Sigue la explicación existencialista del mundo de que todo carece de sentido. No sería extraño que pensáramos que esta creencia conduce a darse completamente por vencido. Sin embargo, el existencialista no invita a hacer tal cosa. A la vista del sinsentido y el absurdo de todo, el desafío existencialista consiste en dar sentido a las cosas mediante el ejercicio de la voluntad. La ética tiene que ver con mis decisiones. Yo creo mi propia ética porque lo deseo así. Yo escojo mis propios puntos de vista éticos. La forma de proceder del existencialista consiste en examinar dilemas éticos imposibles. Escoge ejemplos en los que, no importa lo que hagamos, algo irá mal. Si cinco personas están atrapadas en un submarino y solamente hay aire suficiente para tres, ¿debería el capitán sacrificarse a sí mismo y a otro miembro de la tripulación para que los demás sobrevivieran? Asombrosamente, ningún miembro del resto de la tripulación sabe cómo pilotar el submarino, así que ¿puede el capitán sacrificar su vida? El existencialista no quiere eliminar las opciones, sino más bien enfatizar que no se puede hacer otra cosa que escoger. Ser humanos es tomar decisiones. Son nuestras decisiones las que nos convierten en lo que somos. Por lo tanto, decidir es lo que ocupa el centro de la vida y de la ética. Escogemos y creamos nuestra propia ética. Rehusar escoger es en sí mismo una elección. Seguir la corriente, el pasado o la tradición, son decisiones, pero la única decisión verdaderamente auténtica es aquella con la que nos comprometemos y en la que comprometemos nuestra vida. Las elecciones que no son auténticas no cuentan, ya que rehusamos llevarlas a la práctica. Esta perspectiva sobre la ética ha sido más popular en el resto de Europa que en el Reino Unido. Quizá le parezca algo extremista al flemático británico. No obstante, en su lugar, la erudición de Oxford ha realizado una adaptación más razonable por medio del prescriptivismo.

(2) Prescriptivismo

Aun cuando procede esencialmente de Kant, el caso es que el prescriptivismo ha estado muy influenciado por la literatura existencialista y por la fuerza de los dilemas morales planteados por esa filosofía. El prescriptivista está de acuerdo con la necesidad de enfatizar que el papel de la voluntad es fundamental en la ética. Sin embargo, el prescriptivista no puede aceptar las demás cosas que sostienen los existencialistas. El prescriptivista argumenta que si todos escogemos individualmente no existiría razón alguna para nuestras decisiones, ni vida comunitaria de ningún tipo. Para corregir este fallo el prescriptivista presenta un existencialismo razonable. Ciertamente cree que la parte crucial en la toma de decisiones éticas es la voluntad, aunque añade a eso el *Principio de la Universalización*. Dice que cuando elegimos hacer algo en una situación ética, debemos escoger lo que cualquier otra persona en esa misma situación escogería. Es como si al escoger yo algo, en realidad estuvieran escogiendo todos. Esto pone freno al egoísmo, a la autocomplacencia y al intento de eludir la cuestión ética buscando el beneficio propio. Debo optar en favor de la elección que harían otros.

De este modo, la ética se considera como una forma de *prescribir*. Al realizar un juicio ético estoy prescribiendo no sólo lo que yo debería hacer, sino también lo que deberían hacer todos los demás al enfrentarse a esa misma situación.

(3) Algunos comentarios críticos

Los críticos del existencialismo señalan que la filosofía en su conjunto falla. Si esto es así, entonces su doctrina sobre la elección también se encontrará con dificultades. El ataque sobre el excesivo énfasis en la elección se centra en la falta de colocar la elección dentro del contexto de la razón y los sentimientos. El solo hecho de enmarcar los términos de una elección requiere algo más que un acto de la voluntad. Además de eso, no está claro qué es la voluntad y cómo funciona, si no depende de la mente o del cuerpo. Más aún, la imagen de la elección que da el existencialista es distorsionada, puesto que no llegamos a vernos en situaciones donde todas las opciones estén igualmente abiertas. Más bien ocurre que venimos de una tradición y entramos en una tradición. Formamos parte de nuestra herencia y no podemos escoger nada en absoluto. Los mismos términos de la elección y la idea de elección no proceden de nosotros mismos, sino también de otras personas. Incluso si la voluntad fuese la fuente de la ética, todos conocemos la experiencia de San Pablo, relatada en Romanos 7. Puede que sepamos lo que es bueno y que queramos hacerlo, y que reconozcamos lo malo y nos resistamos a hacerlo, pero a menudo nos encontramos haciendo lo que no deberíamos hacer y dejando de hacer lo que deberíamos hacer.

El prescriptivista no se escapa a esta crítica. Se duda si podemos escoger o desear que absolutamente cualquier cosa sea buena o mala, pero esto es absurdo. Se sabe que algunas áreas de la vida son áreas genuinamente éticas, mientras que otras no tienen nada que ver con la ética. La ética es mas que una mera prescripción; también depende de la descripción.

Ahora es el momento de reflexionar sobre nuestro mapa. Si ha estado siguiendo la última sección, es obvio que las categorías tan claramente diferenciadas de la experiencia y la voluntad no son en ningún sentido dos compartimentos estancos. El prescriptivismo claramente depende de la razón, además de la voluntad, pero eso sería entrar en el terreno del estudio detallado del mapa de la moralidad. Hemos intentado evitar eso en la medida de lo posible, de manera que pudiésemos ver los trazos más importantes mediante un bosquejo de la ética. Hay un grupo de teorías éticas en nuestro mundo de hoy que sí se centran en la razón, o en la sensación (experiencia), o en la voluntad como *la* fuente fundamental y base de la ética.

Nuestro mapa se queda corto en otro sentido. Aun admitiendo que se trata de un bosquejo, no menciona una o dos líneas de pensamiento ético que se dan en la actualidad. Necesitamos examinar un enfoque clave más para tener una imagen más completa de los temas éticos contemporáneos: el que aportan las ciencias y el reduccionismo.

5. Las ciencias y el reduccionismo

Quizás el cambio más significativo en el último siglo ha sido el impacto de la ciencia sobre el mundo. Por ciencia nos referimos a todas las ciencias. En el capítulo anterior vimos algo de la manera en que los científicos se han convertido en los sacerdotes de la edad moderna. Son los científicos quienes entienden los misterios de la vida y del mundo, y quienes son capaces de hacer milagros hoy en día. Esto no sólo es cierto en las ciencias físicas, sino también en las ciencias biológica, psicológica y sociales, al menos por lo que respecta a un gran número de personas. Quienes practican las distintas ciencias se muestran mucho más cautos, siendo plenamente conscientes de sus propias limitaciones y de las limitaciones de sus campos científicos. A pesar de ello, la opinión popular ha conferido una gran credibilidad a las afirmaciones científicas, y hay algunas de esas afirmaciones que tienen unas implicaciones directas sobre la ética. Para ver cómo se produce esto prestaremos atención al libro *Enseñando Ética Cristiana* (Libro de Bolsillo ACCM, SCM: 1.974), que es un manual destinado a ayudar a quienes enseñan ética en seminarios y facultades teológicas.

En la introducción, se describen y evalúan críticamente un número de enfoques "científicos" de la ética. Cada punto de vista es analizado a la luz de una pregunta concreta: "¿Da esto razón de la experiencia ética del hombre, de sus obligaciones, ideales, anhelos y emociones morales?" (página 7). A continuación sigue con una descripción de los puntos de vista éticos de la biología, el psicoanálisis y la sociología.

(1) La perspectiva biológica

El énfasis sobre la biología dice poder explicar la génesis y la dirección de la ética. Intenta decirnos de dónde viene la ética y hacia dónde va. Pone el acento en lo que es natural. Funciona a partir de la premisa básica de que el hombre es el producto de mutaciones aleatorias. Recalca que los modelos de comportamiento instintivo son los que rigen la conducta humana. La ética no es un atributo distintivo de los seres humanos. La ética no le confiere al hombre ninguna dignidad peculiar. La vida humana es idéntica a la vida animal. La ética tiene que ver con los patrones de comportamiento que contribuyen a la supervivencia de la especie. Lo que nosotros llamamos obligaciones morales son realmente el sentido de inhibición que nos provoca el pensar en romper esos modelos de conducta que traen como consecuencia la supervivencia de la especie. De este modo, la ética no es un asunto racional, sino puramente instintivo, y funciona en base a los patrones de conducta y nuestras respuestas ante ellos. Ahora bien, puede fabricarse una ética racional usando los códigos de conducta que tienden a la supervivencia de los de la propia especie. De esta manera, la supervivencia del más apto o la intensificación de la conciencia son la clase de cosas que están bien. De hecho, decir que algo está bien es decir que está de acuerdo con la naturaleza o que conduce a la supervivencia. El único motivo que la gente tiene para hacer lo correcto es el temor animal y el deseo de sobrevivir.

Hay algunos problemas básicos con este enfoque. No está claro qué es lo natural. Al decir eso, ¿estamos pensando a nivel de biología molecular o de reacciones químicas? ¿Qué es lo natural, lo que acontece en las junglas de América del Sur o entre la clase media de las áreas residenciales de los países escandinavos? Las ideas éticas parecen muy comunes, pero los animales ni las tienen ni pueden tenerlas. ¿Significa eso que deben ser descartadas? Si nos tomamos en serio este punto de vista estamos aceptando que cosas como la lujuria y la agresión son normales, naturales y buenas. Ciertamente esto va en contra del sentido común. Este tipo de explicaciones abriría el camino de la ingeniería y manipulación biológicas, y cuestionaría la libertad de las personas. ¿Es cierto que todas las normas éticas tienen como objetivo la supervivencia, y que es posible reducir todas las normas éticas a términos biológicos? El mayor problema con tales explicaciones biológicas acerca de la ética es que son reduccionistas, y por tanto reducen la ética a una cuestión de biología. Esta reducción va demasiado lejos. Si eliminamos la libertad, la voluntad, la elección y el amor a otros, ¿qué clase de ética es la que queda?

(2) La perspectiva psicoanalítica

Un ejemplo clásico de esta teoría se encuentra en la versión freudiana que "enfatiza el carácter inconsciente de gran parte de las motivaciones humanas y tristemente reduce las emociones humanas básicas a aquellas relacionadas con la sexualidad, el temor y la agresión". El centro del método freudiano es el análisis que, en sus múltiples formas, anima a los hombres a reconocer sus intenciones más básicas. A pesar de que el analista insiste en que la ética no es lo que le concierne, en la práctica se liberan muchas inhibiciones represoras de tipo moral, y existe la tendencia a considerar la "conciencia moral" como represiva, infantil, irracional y destructiva del verdadero autoconocimiento e integridad. Desde ese punto de vista, "la ética consiste en un conjunto de hechos y emociones inhibidas e imágenes ideales de uno mismo... Los hombres actúan de manera ética porque sus superegos siguen siendo fuerzas poderosas que los meros razonamientos no pueden vencer". El libro *Teaching Christian Ethics (Enseñando ética cristiana)* ofrece este sumario del enfoque psicoanalista:

1) La ética se explica en términos de su génesis en la experiencia infantil.
2) El proceso es explicable únicamente en función de fuerzas psicológicas.
3) El contenido de la ética (lo que se prohíbe) puede surgir mediante el mecanismo de asociación, de modo que uno es incapaz de hacer ciertas cosas porque llegan a asociarse de modo irracional con algún objeto temido u odiado.

Esta explicación de la ética tropieza con ciertos problemas. El mayor ataque se basa en la falacia genética. Esta falacia consiste en imaginar que al explicar el origen de una cosa se ha explicado todo lo que esa cosas es hoy en día. Incluso si la perspectiva psicoanalítica explica la génesis de los sentimientos éticos, no prueba por ello que la ética no conste de nada más que eso. El enfoque psicoanalítico se asienta sobre un marcado subjetivismo, incluso sigue una línea hedonista. En cualquier caso, no es cierto que sea lo mismo decir "Deberías hacer algo", a que se diga: "Realmente quieres hacer ese algo a largo plazo". De hecho, a menudo nuestros deseos entran en conflicto con la justicia social, y eso provoca dilemas morales. Aceptar esta explicación de la ética equivaldría a cambiar de manera fundamental nuestro concepto de lo que son las explicaciones. El que sigue a Freud pretende llegar a ser capaz de explicar lo inexplicable, pero ¿es plausible esta explicación? Si tiene razón y nos entiende a todos mejor de lo que nosotros nos entendemos a nosotros mismos, entonces quizá deberíamos dejar toda capacidad de tomar decisiones en sus manos. Pero entonces, ¿quién vigilaría a los guardianes psicoanalistas?

(3) La perspectiva sociológica

Se examina la explicación marxista como ejemplo clave del enfoque sociológico de la ética.

> *Aquí los puntos importantes referentes a la ética son: (1) No existen leyes morales absolutas y universales. Las creencias "éticas" de cada cual están condicionadas histórica y socialmente y varían de una época o clase a otras; (2) Las creencias éticas no son "verdaderas" o "falsas", "correctas" o "incorrectas". Los valores éticos que uno sostiene surgen de la propia posición social y de la estructura social, y se limitan a expresar básicamente conflictos o diferentes posturas socioeconómicas. Bien justifican la propia posición de la clase a la que uno pertenece (el valor de la tradición), atacan a las clases superiores (reforma ética), o compensan una posición social insatisfactoria proveyendo una "cancha interior" para el éxito (utópico-escapista, la ética personal). Cuando la estructura de clase desaparezca, también lo hará con ella la ética, ya que las relaciones sociales verdaderamente libres eliminarán la necesidad de tales superestructuras ideológicas.*

La viabilidad de la explicación marxista plantea serias dudas, en cuanto que las propias afirmaciones que se hacen desde posiciones marxistas no parecen poder escapar a los condicionamientos sociales que propugnan para todas las ideas. Algunos argumentan que creer en lo que está bien hace que la gente desafíe las reglas y los valores de su sociedad, en lugar de simplemente conformarse con las normas sociales. Junto a ello se señala que parece existir un ámbito de ética personal que se puede distinguir perfectamente de las convenciones sociales. Otros han aducido, en contra del relativismo, que debido a que los hombres comparten la misma naturaleza humana básica, existen algunas normas éticas universales, como las que se conocen en contra del asesinato, el robo y la mentira. Estas personas sostienen que estas leyes trascienden las diferencias sociales y culturales.

(4) Reduccionismo

La importancia de estos últimos enfoques mencionados es que las modernas explicaciones científicas derivadas de la biología, el psicoanálisis y la economía en verdad ofrecen una interpretación alternativa de la ética. Hay una esencia *reduccionista* en todos estos puntos de vista. Todos ellos buscan reducir la ética a simplemente algún ingrediente básico, sea éste la conducta animal, la psicología humana o los procesos económicos. La moralidad y el hombre son reducidos a un aspecto de la experiencia humana. En este sentido, estos enfoques científicos se dan la mano con los intentos anteriores que buscaban circunscribir la fuente básica de la ética a los ámbitos del pensamiento, los sentimientos o los deseos.

Nuestra respuesta para todos ellos consiste en expresar nuestra inquietud frente a tales reducciones. Parece que en cuanto alguien intenta reducir la ética, deja fuera alguna parte crucial y fundamental para la vida y práctica éticas.

El objetivo de este capítulo ha sido bosquejar algunos de los importantes valores que hoy nos rodean. Al mismo tiempo hemos intentado mostrar algunas de las respuestas críticas que una persona reflexiva debería dar. Ahora necesitamos dejar este nivel general de los valores de la sociedad en su conjunto para fijarnos en el campo de los valores específicamente cristianos. Al propio tiempo hay que recordar que los cristianos no son inmunes al mundo en que viven, ni tampoco a los valores que les rodean.

Capítulo 3

LOS VALORES CRISTIANOS

La intención en este capítulo es examinar las fuentes de los principios éticos cristianos. Estas fuentes pueden ser bastante independientes de la manera en que aplicamos y utilizamos estos principios en la toma de decisiones éticas. Antes de examinar cómo son utilizados y cómo deberían ser utilizados, necesitamos saber qué son los principios éticos.

1. La mente dividida

La definición que da el diccionario de esquizofrenia es: «enfermedad mental caracterizada por la desconexión entre los pensamientos, los sentimientos y las acciones». Basados en esta definición la mayoría de cristianos son esquizofrénicos. Para muchos cristianos existe una incomodidad[1] mental. Viven en dos mundos distintos que a menudo parecen estar totalmente desconectados. Los cristianos también son gente moderna que vive en el mundo moderno. El mundo en que viven les afecta, y los valores que les rodean les influencian. Son personas del siglo XX, que piensan según los esquemas del siglo XX y que viven vidas propias del siglo XX. En sus trabajos y en sus casas funcionan tan bien como cualquier otro. Se examinan y aprueban, ascienden

---

1. Aquí el autor utiliza un juego de palabras en base al término "disease", enfermedad, y "dis-ease", que viene a referirse a la situación en la que uno no se encuentra a gusto (Nota del Traductor).

y tienen éxito en el mundo de los negocios y el comercio. Su apariencia es exactamente la misma que sus vecinos y compañeros de trabajo no cristianos, a pesar de lo cual pretenden ser distintos.

Los cristianos son diferentes en el sentido de que creen en ciertas cosas en las que la mayoría de los demás no cree. Si este fuera un libro sobre doctrina cristiana examinaríamos algunas de las doctrinas fundamentales que distinguen a los cristianos de los que no lo son. Sin embargo, existen otras diferencias, relacionadas a menudo con cuestiones doctrinales, que son realmente diferencias de valor. De hecho, puede que las diferencias entre los diversos tipos de ética no estén tanto en los valores en sí mismos, cuanto en la manera en que los cristianos llegan a sostener sus valores. Es preciso aclarar esta diferencia de enfoque debido a que vivimos en una era poscristiana, en la que la mayor parte de nuestra ética social en Occidente, y aun la personal, tiene un contenido que se puede identificar todavía como cristiano. La mayoría de los principios éticos que nos resultan tan queridos se derivan de la enseñanza judeocristiana. Esto no significa que la mayor parte de nosotros creamos en estos principios éticos y los aceptemos porque seamos cristianos. El cristianismo es la ruta a través de la cual estos principios han llegado hasta nosotros, pero los aceptamos porque pensamos que están bien y que son buenos, y porque no nos convencen las alternativas. Esto supone la derrota de la "falacia genética". La falacia consiste en imaginar que al haber explicado el origen de algo, hemos explicado en su totalidad lo que es ahora. Simplemente porque la mayoría de principios éticos que tiene la gente provienen de la enseñanza cristiana, eso no quiere decir que hoy en día se basen únicamente en el pensamiento cristiano. Los cristianos son diferentes, aunque no tanto por sus principios éticos, cuanto por la forma en que llegan a esos principios.

Ha habido reacciones diversas entre los cristianos ante este tipo de diferencias. Algunos cristianos no se han apercibido de la división entre los valores cristianos y los valores seculares. Son como aquel hombre que dormía en su tienda de campaña, a quien despertó su camello preguntándole si podía poner la nariz dentro de la tienda. El hombre accedió e intentó dormirse de nuevo. El camello se quejó de que seguía pasando frío y quiso meter la cabeza entera. Así, poco a poco, cada vez había un trozo más grande de camello dentro, y menos espacio para el hombre en la tienda. Los valores seculares han ido erosionando y reemplazando los valores cristianos imperceptiblemente, y algunos ni siquiera han notado la diferencia. Otros cristianos sí se han dado cuenta y se han horrorizado. Sobre ellos ha recaído la tarea de luchar contra la erosión de los valores cristianos en la sociedad y en la Iglesia. Han intentado ofrecer una crítica del mundo moderno y de los valores seculares que éste defiende, al tiempo que proclamaban los valores cristianos y hacían hincapié sobre la necesidad de aferrarse a estos valores. Un ejemplo destacadísimo de esta táctica es la organización Nationwide Festival of Light (Festival de Luz en toda la Nación). Su inquietud ante la degradación moral de nuestra nación les ha llevado a realizar una campaña legal y publicitaria en contra de toda forma de pornografía. Han ejercido presión sobre los parlamentarios, han escrito a la prensa y han organizado reuniones y encuentros para combatir la sustitución de los valores cristianos por los seculares. Quienes apoyan a NFOL[2] abogan por un retorno a los valores genuinamente cristianos y por el mantenimiento de los distintivos del estilo de vida cristiano.

Por el contrario, hay quienes se han percatado de la diferencia y en lugar de luchar por mantener las distinciones, han intentado tender un puente. Estos son los que creen que en verdad somos hombres y mujeres de hoy, y que no le hacemos ningún servicio al evangelio y a los valores cristianos si intentamos mantener las distancias entre nosotros y el mundo actual. Es más, dicen, los cristianos tenemos mucho que aprender del mundo y del conocimiento de hoy en día. Por lo tanto, lo que los cristianos necesitan es adaptar su enfoque y mentalidad tradicionales para que encajen dentro de la manera de pensar contemporánea. Un buen ejemplo de esto es la perspectiva teológica de Bultmann. Él creía que el existencialista había diagnosticado correctamente la situación de

---

2. Siglas con las que se conoce en Gran Bretaña al Nationwide Festival of Light (Nota del Traductor).

la gente de hoy. Bultmann sostenía que los cristianos debían aceptar ese diagnóstico de falta de autenticidad y de necesidad de elecciones auténticas. De esa manera el cristiano podría comunicar la verdadera esencia del evangelio. El problema con que se encontraba el creyente era que la Biblia había sido escrita utilizando mitos o historias que expresaban la intención del escritor, sin que en realidad fueran ciertas en sí mismas. La tarea del cristiano consistía en desmitologizar la Biblia, esto es, eliminar las capas míticas de los relatos, de manera que pudiéramos llegar al corazón del mensaje del evangelio. Este corazón, según él, era el secreto de cómo vivir una vida auténtica delante de Dios. Una vez que el cristiano hubiera discernido esta esencia (el kerygma) debía utilizar las expresiones y las filosofías modernas como vehículo para comunicar la verdad del evangelio a las personas en la actualidad. En lugar de luchar contra el mundo moderno Bultmann lo abrazó con agrado como medio para convertir el evangelio y los valores cristianos en algo relevante para la gente de hoy.

Las reacciones de la NFOL, de Bultmann y del cristiano a quien la fuerza de los valores seculares le ha pillado desprevenido, revelan que existe una distinción esencial entre los valores modernos y los cristianos. El cristiano es diferente, o al menos hasta ahora lo ha sido, más por el método empleado para establecer los valores que por los valores mismos. En cierto sentido el propio éxito del cristianismo ha sido, en parte, su perdición. Al llegar a convertirse en el ingrediente dominante de los valores éticos en la sociedad, la moral cristiana ha sido identificado con el mundo moderno y considerada como parte de ese mundo. En realidad puede que existan profundas diferencias entre el contenido ético del cristianismo y los valores del mundo actual, pero en cualquier caso eso ya depende del contenido de la ética cristiana. Nuestra preocupación aquí atañe a la forma que adoptan los juicios éticos cristianos y cómo se llega a los principios éticos del cristianismo. Procederemos a bosquejar las fuentes de la enseñanza ética cristiana y luego reflexionaremos sobre algunos de los problemas de cada una de estas fuentes. Esto pondrá de relieve el dilema al que se enfrenta el cristiano moderno: ¿Es posible ser cristiano y moderno al mismo tiempo?

2. El uso de la Biblia en la ética

La pregunta de "moderno o cristiano" tiene su reto más peliagudo en el debate sobre cómo usar la Biblia. En este punto basta decir que todos los cristianos, de un modo u otro, utilizan la Biblia para la ética. Es por esta razón que seleccionamos las Escrituras como el modelo de análisis. Resulta crucial lo que la gente piensa de la Biblia en el mundo actual y cómo la utilizan. Eso forma parte de lo que define a alguien como cristiano. De alguna manera la Biblia es la Palabra de Dios y tiene autoridad. Todos aceptamos algún tipo de autoridad en nuestras vidas. Apelamos a ella como punto de referencia para explicar nuestras acciones. La idea que se tiene de una «autoridad final» es de alguien o algo que no puede ser cuestionado. Es la última palabra. Obviamente la actitud de la gente hacia la autoridad de la Biblia va desde la aceptación incuestionable hasta el rechazo más escéptico. El cristiano cree que la Escritura tiene algo que decirles al mundo y a la humanidad, y que ese algo tiene autoridad. No obstante, la autoridad bíblica no reside en las páginas mismas de la Biblia. No se trata de un Papa de papel. La autoridad bíblica procede de su relación con Dios. La naturaleza exacta de esta relación es objeto de acalorados debates. ¿En qué sentido es la Biblia la Palabra de Dios?, ¿es la Palabra de Dios o contiene la Palabra de Dios?, ¿es la única Palabra o la más importante? Cualquiera que sea la respuesta que demos a estas preguntas, lo cierto es que los cristianos utilizan la Biblia en su toma de decisiones éticas. La Biblia es la fuente de los principios éticos cristianos y juega un papel de autoridad en las decisiones éticas cristianas. Este planteamiento presupone la posibilidad de una revelación. Es obvio que ésta es un área de debate con la filosofía, pero si damos por sentado que la revelación es posible, como hace sin duda la ética cristiana, ¿cómo debemos interpretar la revelación de Dios en la Escritura?

Al acudir a la Biblia para que nos provea con principios éticos nos encontramos con una amplia diversidad de materiales. Hay comentarios, advertencias, sugerencias, perspectivas, prohibiciones, principios, leyes y mucho más. Para entender lo que es cada cosa y qué significado tiene para nosotros, necesitamos comprender lo que la Biblia dice y el contexto en que dice las cosas que dice. Esto implica aprender a poner las cosas en sus contextos particulares y ser capaz de captar la profundidad y la anchura del sentido bíblico. Afortunadamente los especialistas bíblicos aportan muchos de estos materiales en los comentarios. Nos ayudan a entender lo que dice la Escritura. No obstante, este es justamente el punto en el que comienzan los problemas serios. Incluso si es cierto que podemos descubrir lo que realmente se dice en las páginas de la Escritura, todavía tenemos abiertas ante nosotros multitud de opciones en relación con qué deberíamos hacer con ello. Existe una diversidad de opciones abiertas que podríamos describir en términos generales.

(1) El texto no significa lo que aparenta decir

Esta postura propone que muchas traducciones carecen de sentido. Por tanto, deberíamos buscar otras maneras de expresar el verdadero sentido. Por ejemplo, cuando Pablo habla de la necesidad de que las mujeres guarden silencio en la Iglesia, tendemos a pensar que eso significa que las mujeres no deberían predicar o dirigir cultos. Existe otra forma de traducir esta prohibición sobre el hablar. Lo que Pablo realmente quiso decir es que las mujeres dejaran de charlar. Así pues, cuando acudimos a la Escritura debemos juzgar su sentido no sólo por las palabras mismas, sino también a la luz de nuestra manera de pensar moderna. Si lo que dice Pablo, o cualquier otro autor bíblico, no parece tener sentido para nosotros, somos libres de corregir el texto. Es más, debemos hacerlo. De esta forma, nosotros somos el estándar a través del cual debe juzgarse el significado y el sentido del texto, y si resulta aceptable o no, siempre dentro de los límites más o menos amplios de todas las traducciones posibles.

(2) El texto significa lo que dice, pero está equivocado

La postura anterior es llevada un paso más adelante por este segundo enfoque. Aquí se admite abiertamente que los autores bíblicos escribieron y quisieron decir exactamente lo que aparece escrito, pero que desde cualquier prisma razonable tales puntos de vista deben ser rechazados. Ninguna persona razonable puede aceptar esas posturas en el día de hoy. Aquí nos encontramos con un claro ejemplo de la manera en que se utilizan los valores modernos para enjuiciar los valores bíblicos. La validez de la enseñanza bíblica debe ser juzgada por el hombre y la cultura actuales. Naturalmente esto abre la puerta al relativismo. Si nuestro mundo y nuestros puntos de vista cambian, también deben hacerlo el significado y la relevancia que los principios bíblicos tienen para nosotros.

(3) El texto significa lo que dice, pero todo depende del contexto

Los autores bíblicos fueron hombres de su tiempo. Escribieron en una situación particular sobre los problemas de gentes que vivieron en un contexto histórico bien definido. Sus actitudes, puntos de vista y creencias eran las apropiadas para las personas de su tiempo, pero son irrelevantes, tal cual, como guía de nuestro comportamiento hoy. Esto no supone negar el valor del material bíblico. Éste nos permite comprender los problemas que tuvo que afrontar el pueblo de Dios en la época del Antiguo y Nuevo Testamento, y adentrarnos en las mentes de los líderes que dieron respuesta a las cuestiones de su tiempo. Se trata de una fascinante pieza de documentación histórica que proporciona una imagen nítida de aquellos días.

Esto equivale a negar cualquier pretensión de que la Escritura sea única. La Biblia, al igual que otros documentos de aquel período, aporta una interesante fuente de conocimiento histórico. Por tanto, no hay principios absolutos que se puedan extraer de la Escritura, según este punto de vista. Esta clase de enfoque parece distante y académico, ya que no da la sensación de afectarnos de manera directa. Este no es caso con la siguiente opinión.

(4) El texto significa lo que dice, pero puede significar algo distinto para mí

Toda la Biblia se escribió desde un punto de vista. Los escritores estaban expresándose y relatando sus propias experiencias. Utilizan imágenes e ideas que nos resultan extrañas. Sin embargo, las experiencias que hay detrás de sus palabras son universales y humanas. Es posible y necesario que escarbemos debajo de los mitos, ideas y palabras de los pasajes, y lleguemos a los autores mismos y a sus intenciones. Este ejercicio nos hará encontrarnos cara a cara con experiencias humanas genuinas.

Esta postura proviene del existencialismo. "Yo" soy el centro del universo, que es mi universo, el único universo. Significado, sentido, relevancia y verdad llegan a depender totalmente de mí y de mi reacción subjetiva. Mi experiencia es la vara de medir para todo lo demás. Si yo no lo experimento, no es real. El material bíblico es simplemente una ayuda que me permite ir a mi aire.

(5) El texto significa lo que dice y debe ser obedecido literalmente

En marcado contraste con el énfasis subjetivo de la postura anterior, este enfoque acentúa la naturaleza objetiva de la verdad bíblica. No hay modo de escapar a las palabras y a su significado claro y directo. Si esto es la Palabra de Dios, entonces debe ser obedecida. Si vacilamos o nos desviamos, no rechazamos simplemente la Palabra de Dios, sino a Dios mismo. En esto consiste el literalismo. La Biblia tiene que ser aceptada sin más, siguiendo su significado obvio. Tal perspectiva ofrece una autoridad absoluta y parece aportar una solución sencilla y definitiva para la interpretación bíblica. Queda por ver si este punto de vista puede aplicarse consistentemente, o si en realidad los que practican este método no hacen "trampas" cuando utilizan sutiles métodos de interpretación al encontrarse con pasajes «difíciles».

(6) El texto significa lo que dice, pero lo crucial es la base del texto

Cuando los autores bíblicos escribieron este mensaje lo hicieron en base a principios teológicos determinados. Los mismos pasajes a menudo revelan estos principios. Las situaciones pueden cambiar, pero los principios no. Son eternamente relevantes. Nuestra tarea como cristianos consiste en aplicar los principios bíblicos a las diferentes situaciones en las que nos encontramos. Por ejemplo, en 1ª Corintios 11 Pablo está aconsejando acerca del decoro en la adoración pública. Formula el consejo concreto siguiendo diversas líneas argumentales:

a. Preservar la tradición (v. 2)

b. El modelo teológico de la relación entre Dios, Cristo, el hombre y la mujer (vs. 3, 4)

c. Sentimientos (v. 6)

d. El propósito teológico del hombre y la mujer (vs. 7, 8)

e. El orden creado (vs. 9-12)

f. Lo que es apropiado (v. 13)

g. Lo que es natural (v. 14)

h. La práctica común entre los cristianos (v. 16)

Quienes apoyan la postura número 6 nos instan a todos a intentar aplicar estos principios teológicos y éticos a los nuevos dilemas morales del siglo XX.

(7) El texto significa lo que dice, pero eso hay que situarlo junto a todas las demás cosas que dice la Biblia

Los autores bíblicos no estaban intentando responder a todas las preguntas que pudieran plantearse en algún momento. Tampoco estaban escribiendo un libro de texto para los creyentes. Escribían a diferentes personas en diferentes lugares. En su conjunto la Escritura nos ofrece la Palabra revelada de Dios. Nuestra responsabilidad como cristianos es la de investigar la totalidad de la Escritura y sopesar cada parte tomando en consideración las otras. Una parte nos ayudará a entender otra. Debemos mantener el equilibrio entre texto y texto, doctrina y doctrina, una verdad y la otra.

Si queremos comprender el punto de vista de la Biblia sobre el varón y la mujer, no prestaremos atención a 1ª Corintios 11-14 y 1ª Timoteo 2 sin fijarnos también en Génesis, Proverbios, Efesios 5, Colosenses 3 y 1ª Pedro 3. Esta postura intenta ser fiel a la Escritura en su totalidad. Acepta que habrá tensiones, lagunas y aristas, pero aún así permanece comprometida con la Escritura como un todo.

Algunos han apuntado que estos diversos puntos de vista se pueden encuadrar, grosso modo, en dos categorías. La distinción se basa en la relación con la Escritura misma. Las posturas 1-4 no se someten a la Escritura. Las posturas 5-7 intentan someterse a la Escritura en su papel de autoridad final. Al margen de que este sea o no el caso, para que cualquiera de estos enfoques pueda funcionar adecuadamente, todos ellos deben aplicarse mediante una fiel interpretación de los pasajes bíblicos en su contexto literario, cultural y teológico. Entonces, y sólo entonces, es posible aplicar la Biblia a nuestra situación actual.

Hemos afirmado que todos los cristianos utilizan la Biblia cuando toman decisiones éticas. Esta centralidad de las Escrituras no es necesariamente una cuestión de dogma de fe. Puede que surja debido a las discrepancias que rodean el papel de las fuentes alternativas de los principios cristianos, tales como la tradición, la doctrina o la ley natural. Como hemos visto, existe un gran desacuerdo sobre cómo tiene que utilizarse la Biblia en la ética, y eso contrasta con el consenso general existente en que debe ser utilizada.

En el caso de la ley natural y la tradición no solamente existe desacuerdo entre los cristianos acerca de cómo deberían ser utilizadas, sino también sobre si deberían ser usadas o no. La situación que se produce al apelar a la doctrina es más complicada, ya que la doctrina no descansa sobre la nada. Al final encuentra sus raíces en la tradición, la ley natural, la Escritura o alguna otra forma de revelación o comprensión. Así, las formulaciones doctrinales se basan en cosas como la Escritura y la tradición, y de hecho interactúan con ellas. Si queremos buscar las fuentes de los principios cristianos resulta más fácil movernos desde las áreas de acuerdo a las de desacuerdo. Realmente no se discute sobre si la Biblia debe utilizarse. Ahora bien, cómo ha de utilizarse ya es otro asunto.

3. Las fuentes de los valores cristianos dentro de la Biblia

Dado que queremos tomarnos la Biblia en serio, o que sentimos que esa es la manera correcta de proceder de un cristiano, pronto descubriremos diferentes clases de escritos y temas en la Escritura. Estos temas son importantes para cualquier intento de encontrar una fuente de principios éticos.

(1) El Antiguo Testamento: La Creación

Siempre es bueno comenzar por el principio. La creación es tomada como fuente de los principios éticos cristianos. La creación se basa en la iniciativa de Dios y depende de su actividad. Dios creó el mundo y la humanidad. Así pues, no nos sorprende encontrar la afirmación de que Dios revela algo de sí mismo y de su naturaleza en el mundo y las personas que ha hecho. Existen varias corrientes en el análisis de la creación como fuente de los valores cristianos.

i. *La ley natural*

Cuando en el capítulo anterior vimos el naturalismo, aprendimos que podría dar lugar a una moralidad basada en la naturaleza de las cosas o de las personas. En términos teológicos a esto se le conoce como ley natural. Así, Dios habría colocado conceptos morales dentro del mundo y de la naturaleza del hombre. Con la ayuda del don de la razón que Dios nos da es posible discernir esa ley moral. Es una realidad objetiva que es una parte de la naturaleza de cosas. Dios ha creado el mundo y nos ha puesto a nosotros en él, de manera que hay algunas cosas que están bien y que son buenas para nosotros, y otras que están mal y son perjudiciales. Lo que es malo tiende a dañarnos, mientras que lo bueno nos ayuda a prosperar. Esto se remonta al estado de cosas que existía en un principio. La imagen que da la Escritura es la de un jardín perfecto llamado Edén, donde reinaba la armonía. La armonía entre el hombre y la mujer, el hombre y la naturaleza, el hombre y la creación animal, y del hombre consigo mismo, eran fruto de una correcta relación con Dios. La ley natural es la ley de Dios expresada en nosotros y en el mundo que nos rodea.

ii. *El hombre hecho a imagen de Dios*

Aunque la humanidad fue creada y comparte con el resto de la creación un origen común, el hombre es diferente del resto del orden creado. Esto se expresa mediante la representación del hombre creado a imagen y semejanza de Dios. Al igual que un hijo o una hija se parecen a sus padres, la humanidad se parece al Dios que la creó. Son muchos los intentos que se hacen por delimitar con exactitud el significado de "imagen" en relación con el hombre, pero en cuanto a los aspectos éticos de esa imagen podemos ser sencillos y directos. Ser hecho a imagen de Dios es constituirse en un ser responsable que tiene que rendirle cuentas a Dios. De hecho, algunos argumentan que este es el meollo de lo que significa ser hecho a imagen de Dios. Consiste en ser moralmente responsable delante de Dios. Esto implica que el hombre no es libre para vivir como le parezca más conveniente. Hay algunos patrones de vida que son apropiados para la naturaleza y el propósito del hombre.

iii. *La conciencia*

Algunos han intentando ser más específicos acerca del contenido de la expresión "hecho a imagen de Dios", señalando que en la humanidad la conciencia es la marca de la imagen divina. Siguiendo pasajes como Romanos 1-3 aducen que la conciencia es la voz de Dios en nuestro interior. Esta "voz" nos proporciona una conciencia intuitiva y directa del bien y del mal. Somos seres morales, y esa moralidad consiste en un juicio interior de lo bueno y lo malo. Sabemos la diferencia que hay entre los dos, y si vamos en contra de nuestras conciencias nos sentimos culpables y tenemos remordimientos. Deberíamos dejar que nuestras conciencias fuesen nuestro guía.

iv. *Las ordenanzas de la creación*

Existe una manera de entender los relatos de la creación que ve más allá de la creación misma y de las diversas interpretaciones de "imagen" y encuentra verdaderos principios éticos. Esta postura afirma que cuando leemos las narraciones de Génesis no sólo se nos relata la creación del hombre y del mundo por parte de Dios, sino que también se nos ofrecen las "instrucciones del Hacedor". Estas instrucciones conciernen al hombre y a la naturaleza. En Génesis leemos que al hombre se le da un trabajo que realizar. El hombre debe "llenar la tierra y sojuzgarla". Esta es una ordenanza fundacional de Dios. Se trata del mandato de Dios al hombre para que éste administre la naturaleza y ejerza un dominio responsable sobre el mundo natural. Existen otras ordenanzas fundacionales que tienen que ver con el hombre y la mujer y con el hombre y Dios. No es bueno que el hombre esté solo. La mujer es creada debido a la insuficiencia del hombre. El hombre y la mujer deben complementarse el uno al otro en su relación. (Jesús y Pablo apelaron específicamente a esta ordenanza fundacional cuando hablaron acerca del matrimonio, del divorcio y del comportamiento de los dos sexos). El hombre no sólo es creado para vivir en armonía con la mujer, sino con Dios. Dios le pone límites al hombre. La respuesta apropiada del hombre a Dios debería ser una de obediencia y confianza. Este es el patrón de la creación, pero las cosas no sucedieron exactamente así.

v. *La caída*

Génesis enseña que el hombre desobedeció a Dios. Los efectos de la desobediencia fueron desastrosos. La humanidad perdió el paraíso. El resultado fue el trastorno, el desorden, el caos, la enemistad, la lucha, la muerte y la pérdida de armonía. El hombre cae de una correcta relación con el mundo, con su ayuda idónea y con su Dios. La caída lo estropea todo. También echa a perder el valor inequívoco de la ley natural, la imagen de Dios, la conciencia y las ordenanzas fundacionales como la fuente de los valores cristianos. La caída afecta todas estas cosas, de modo que ya no está claro qué era la ley natural, o la esencia de la imagen de Dios en el hombre, o que nuestras propias conciencias no estén deformadas y retorcidas, o que sea posible cumplir las ordenanzas fundacionales en un mundo caído por culpa de nuestra naturaleza humana caída. No estamos debatiendo la historicidad o no de la caída, sino enfatizando que el primer lugar al que acudir en cualquier intento de utilizar la Biblia como fuente para los valores cristianos es el tema de la creación. No obstante, el relato de la caída sugiere que la propia Biblia reconoce que la moralidad no puede construirse solamente a partir de la Creación.

(2) El Antiguo Testamento: El Pacto y la Ley

Con el colapso de la armonía original entre Dios y el hombre, se produce una pérdida de la consciencia inmediata del bien y el mal, y también de la capacidad de obedecer los mandamientos de Dios. ¿Cómo resuelve la Escritura este problema? Se nos presenta a un Dios del pacto que establece una serie de relaciones vinculantes con su pueblo. Estas relaciones son llamadas pactos y, al igual que ocurre con los contratos, en un pacto hay dos partes (Génesis 12:1-17; Deuteronomio 7:7, 8; 30:1-10). Dios promete bendecir al pueblo de Israel si ellos guardan sus mandamientos y le honran. Si ellos incumplen su parte del acuerdo, entonces Dios los castigará. El pacto encuentra su expresión en la ley. El Antiguo Testamento presenta a Dios revelando sus normas a la humanidad a través de leyes. El conjunto de leyes más conocido es el Decálogo, o Diez Mandamientos, pero este es simplemente una parte de un serie mucho más compleja de leyes civiles, ceremoniales y morales, contenidas en su mayor parte en el Pentateuco (Éxodo 20; Deuteronomio 5). Esta ley de Dios que ha sido revelada está formada por estatutos y juicios. Dios transmite sus demandas morales para su pueblo a través de la proclamación de sus mandamientos. La ley de Dios es una expresión de su naturaleza, voluntad y carácter. La ley abarca tanto los deberes para con Dios como para con nuestros prójimos, hombres y mujeres. Algunos han resumido la esencia de la ley en la forma abreviada que utilizó aquel maestro de la ley que intentó probar a Jesús y que obtuvo como respuesta la parábola del Buen Samaritano:

> *"Amarás al Señor tu Dios con todo tu corazón, con toda tu alma, con todas tus fuerzas y con toda tu mente; y a tu prójimo como a ti mismo"*
> (Deuteronomio 6:5; Levítico 19:18; Lucas 10:27, RVA).

La ley en sí misma no está exenta de problemas como fuente de valores éticos. Puede convertirse en una maldición en lugar de una bendición, mostrándonos lo lejos que estamos de cumplirla. Puede que presente a las personas ciertas normas imposibles de cumplir. Quizá, y esto es lo peor de todo, la ley se convierta en una excusa para mantener una actitud equivocada. Los fariseos encontraron que la tentación del legalismo era demasiado grande. La letra de la ley puede matar el espíritu.

(3) El Antiguo Testamento: La literatura sapiencial

Proverbios, Job, Eclesiastés y Cantar de los Cantares forman la fuente de enseñanza sapiencial. Alguien ha denominado el material contenido en estos libros como "leyes del cielo para la vida en la tierra". Este tipo de sabiduría es extremadamente práctica y versa sobre la vida cotidiana. Está basada en la manera en que suceden las cosas y su origen se remonta a la experiencia del funcionamiento de los asuntos humanos. Existe una gran cantidad de detalles sobre una amplia serie de tópicos muy prácticos. Esta clase de moral es lo más cercano que podemos encontrar en la Biblia a la sabiduría del mundo y a menudo es criticada por tener poco contenido específicamente cristiano.

(4) El Antiguo Testamento: Los Profetas

Los profetas no pretendieron introducir una nueva ética. Su propósito era restaurar la verdadera moral que enseñaba la ley y que se hallaba implícita en la relación del pacto. Intentaron llamar al pueblo de Dios para que volviera a él y asegurarse de que pusiera en práctica lo que decía creer. Los profetas quisieron restaurar la relación original del pacto entre Dios y su pueblo. Transgredir la ley de Dios significaba separación, derrota y exilio. Guardar la ley de Dios significaba lo opuesto. Había una serie de aspectos distintivos en el énfasis profético. Ellos reconocieron que *la religión y la ética deben ir de la mano*. Israel no practicaba lo que predicaba. La religión era una farsa. La verdadera religión implicaba una verdadera ética (Oseas 6:6; Amós 5:21-24; Miqueas 6:6-8; Isaías 1:11-17; Jeremías 6:19, 20; 7:22, 23). Los profetas criticaban duramente la falta de honestidad e injusticia social. Atacaron a aquellos que abusaban de la riqueza y el poder en Israel (Miqueas 2:8, 9; 6:10, 11; 3:2-3; Amós; Isaías 5:7-23; Sofonías 3:3; Jeremías 7:5, 6). Los profetas también hablaron en contra de la inmoralidad en pasajes como Oseas 4 y 6, y en Jeremías 7:9; 9:3-6. Para los profetas el pecado era una cosa muy seria. Dios debe responder a cada ofensa contra su naturaleza. Esto significaba juicio. En el libro de Oseas encontramos todo un abanico de expresiones que revelan el juicio de Dios. Son: hambre (4:19), cautividad (8:13; 9:3-7), guerra (8:14), muerte (9:12-16) y el apartamiento de la presencia de Dios (5:6, 15). No obstante, hay una nota positiva en la enseñanza ética de los profetas. Enfatiza que el juicio y el castigo de Dios tenían como propósito traer la restauración, el arrepentimiento y, por tanto, el perdón. El castigo mismo era una señal del amor perdonador y fiel de Dios (Isaías 9:1-7; Oseas 14; Amós 9:11-15; Sofonías 3:11-20). El material profético es una rica fuente de enseñanza ética para aquellos que buscan entresacar tales principios del material bíblico.

(5) El Nuevo Testamento: La redención

Si la Creación es el punto de partida para la ética del Antiguo Testamento, la Redención ocupa el centro de la enseñanza ética del Nuevo Testamento. El Dios que se reveló a sí mismo en la Creación, en la ley y a través de los profetas, ahora se ha revelado plenamente a sí mismo en Jesucristo, quien vive y muere para que la humanidad pueda ser redimida. Para aquellos que buscan una fuente de principios éticos en el Nuevo Testamento resulta discutible que haya necesidad de ir más allá de Jesús mismo. Jesucristo es la esencia de la ética cristiana.

(6) El Nuevo Testamento: La ética del Reino

Cuando Jesús vino trajo un cambio y una transformación radicales. Jesús no sólo cumple todo lo que ha sido revelado anteriormente en la creación, la ley y el resto del Antiguo Testamento. Él revela algo totalmente diferente. Existen diversas formas de expresar esta diferencia. Jesús es *Dios encarnado*. Las revelaciones anteriores de normas éticas han sido abstractas. Ahora se personifican en el Dios que se hace hombre. No se les ordena meramente a los hombres cómo deberían vivir. Se muestra esa vida en la existencia de Jesús. Jesús también es el Mesías que cumple todas las expectativas de la esperanza mesiánica, y sin embargo le añade a todo ello una nueva dimensión. Él marca el comienzo del *nuevo Reino de Dios*. Este nuevo Reino tiene a Cristo como su cabeza y trae consigo una nueva vida y un nuevo poder. Se erige como contraste entre la luz y la oscuridad, la libertad y la esclavitud, Dios y Satanás. Este Reino tiene *nuevas leyes* y un *nuevo legislador*. A Jesús se le representa como aquel que proclama las nuevas leyes de las Bienaventuranzas, y también como aquel que da un nuevo mandamiento a sus discípulos: "Que os améis unos a otros, como yo os he amado" (Juan 15:12). La marca de la vida del Reino es el amor. Éste es el *ágape*, o amor de Dios, que Jesús personifica mediante su total obediencia a la voluntad de su Padre. Es una vida de amor a Dios, a nuestros prójimos como a nosotros mismos, y de los unos a los otros como Cristo mismo amó. La vida del Reino no es una cuestión de "hágalo usted mismo", sino de compartir los beneficios de la vida y obra de Jesús. A través de su salvación, sanidad y restauración, él hace posible que los hombres y las mujeres sean transformados y vivan la vida de Dios. Este Reino está ya en parte aquí y ahora, y en parte todavía por venir. Sólo al final de los tiempos gozaremos de la vida gloriosa que tenemos en Cristo de manera completa y perfecta. Mientras tanto, los seguidores de Jesús deben esperar su regreso y usar sus "talentos" adecuadamente, ya que todos nosotros deberemos rendir cuentas de nuestra vida delante de Dios. Recibiremos recompensa o castigo en función de nuestro estilo de mayordomía.

Existen dos líneas de pensamiento distintas a la hora de considerar a Jesús como fuente de enseñanza ética cristiana. La primera es la que afirma que es la enseñanza de Jesús la que nos da las normas éticas de Dios, y que ser cristiano es vivir una vida ética en consonancia con la enseñanza de Cristo. La postura alternativa interpreta la ética cristiana más como una identificación y participación en la vida de Cristo. En este sentido, el cristiano debe vivir en el mundo como lo hizo Cristo, hasta el punto de ser totalmente identificado con Cristo. Esta imitación de Cristo sólo es posible si vivimos en completa armonía con Dios. Esto es compendiado en la imagen que da el apóstol Pablo de la vida "en Cristo". Es importante resaltar que esta vida en Cristo no hace referencia a un Cristo muerto, sino a una participación en la vida del Cristo resucitado, quien vive y reina con Dios.

(7) El Nuevo Testamento: La ética de Pablo

Al dirigir nuestra atención sobre la literatura paulina como fuente de enseñanza ética somos plenamente conscientes de que Pablo, al igual que los demás autores bíblicos, no está escribiendo un libro de texto sobre ética. Su enfoque de los temas éticos no es sistemático. Más que encontrar sus principios éticos presentados de una manera coherente, los tenemos que ir recogiendo de aquí y de allá. Para Pablo la teología y la ética van de la mano. La doctrina conduce a la vida ética. Así, su enseñanza acerca de la naturaleza del hombre y del mundo, y su himno al Señor humillado y exaltado en Filipenses, son las bases a las que apela para vivir una determinada conducta moral. Pablo utiliza la ley como un medio para llegar a la necesidad que tenemos de la ayuda de Cristo para vivir la vida requerida por Dios. Esa vida es una vida de amor (1ª Corintios 13) que cumple la ley (Gálatas 5:14; Romanos 13:8). El énfasis ético de Pablo se sitúa sobre la ética comunitaria que atiende las necesidades de la persona completa. La imitación es la clave de la enseñanza paulina. Debemos imitar a Dios, a Cristo, a los héroes de la fe e incluso al mismo Pablo. Pablo establece tanto modelos específicos de enseñanza ética, como medios para resolver disputas éticas. Nos dice cómo deberían vivir los maridos, esposas e hijos, amos y esclavos, gobernantes y gobernados. También trata el asunto de las distintas opciones éticas en Romanos 14-15:

a. Estad plenamente persuadidos en vuestra propia mente.
b. Reconoced que tendréis que responder ante Dios, ya que todos somos juzgados por Dios.
c. No seáis piedra de tropiezo para vuestro hermano.
d. Buscad las cosas que produzcan armonía y el crecimiento de vuestro respectivos caracteres.

(8) El Nuevo Testamento: Las Epístolas Pastorales

El enfoque ético centrado en problemas concretos es una marca del estilo de las epístolas pastorales. Están dirigidas a esos que se encuentra en medio de situaciones pastorales y que necesitan un consejo directo. Así que la enseñanza ética es central, pero algo que el escritor menciona de pasada en su presentación. Se elogian una amplia gama de virtudes morales y se condenan toda una serie de vicios. En libros como 1ª Timoteo y Tito se dan detalles acerca de los falsos maestros, los obispos, los diáconos, los hombres de Dios, los ricos, los jóvenes, los ancianos y lo que es bueno y malo para el cristiano.

Estas epístolas son una rica fuente de enseñanza ética para aquellos que estén dispuestos a profundizar en ellas.

3ª. Lista de comprobación

Lo que tenemos ahora es una lista de comprobación que podemos utilizar al acudir a la Biblia con un problema ético concreto. Si queremos estar seguros de haber considerado lo que la Biblia tiene que decir acerca de un asunto, la siguiente lista sirve para dividir el material en secciones y garantizar así que hemos cubierto todo el terreno.

(1) La Creación: ¿Existen algunos principios concretos que se puedan derivar de estas fuentes?
   a. La ley natural
   b. El hombre hecho a imagen de Dios
   c. La conciencia
   d. Las ordenanzas de la creación
   e. La caída.

(2) El Antiguo Testamento: ¿Qué principios pueden obtenerse a partir de estas fuentes?
   a. El pacto y la ley
   b. La literatura sapiencial
   c. Los profetas

(3) El Nuevo Testamento: ¿Qué principios pueden proporcionar estas fuentes?
   a. La redención
   b. La ética del reino
   c. La ética de Pablo
   d. Las epístolas pastorales

Deliberadamente hemos pasado una gran cantidad de tiempo examinando el uso de la Biblia en la ética, ya que la Biblia ha sido utilizada como el medio de discernir la voluntad de Dios para la humanidad por parte del grueso de la enseñanza ética cristiana. No obstante, la Escritura sola no es la única fuente de enseñanza ética cristiana.

4. La Tradición como fuente de enseñanza ética

Todas las ramas de la Iglesia han apelado a los precedentes históricos para apoyar sus particulares énfasis denominacionales, doctrinales o éticos. Dentro de la Iglesia Católica se ha hecho un uso sistemático de la Tradición como una base adecuada para la enseñanza ética cristiana. Esto no sorprende si tenemos en cuenta la comprensión que se alcanza a través de las formulaciones tradicionales de los principios éticos cristianos.

Quizás una de las mejores maneras de ilustrar la importancia de apelar a la tradición sea considerar el reciente debate sobre las armas nucleares. Es interesante notar cómo ambos bandos de la controversia, que podríamos denominar la opción pacifista y la opción del desarme multilateral, apelan clara y directamente a la tradición pacifista que se encuentra en la Escritura, la iglesia primitiva y la historia de la posición pacifista a través de los siglos y a la tradición de la "guerra justa" tal y como ha sido propuesta y adaptada a través de las circunstancias cambiantes de la historia. Nuestra intención no es la de hacer un juicio entre estas posturas, sino mostrar que, independientemente del punto de vista personal, existe una clara referencia a la tradición de la Iglesia, tanto por lo que se refiere a su interpretación de la Escritura como a su práctica a lo largo de la historia. Obtendríamos el mismo resultado si examináramos la literatura actual dentro de la Iglesia Católica Romana en el área de la sexualidad. Tanto los liberales como los conservadores apelan y hacen referencia a la tradición. Pueden estar en desacuerdo sobre la importancia de su papel en la decisión final, pero tienen claro que no podemos ignorar nuestra tradición y la de toda la Iglesia cristiana en su conjunto.

Es fácil malinterpretar este recurso a la tradición, ya que no se trata simplemente de la tradición misma, sino de la realidad y relevancia de la autoridad que se encuentra detrás de la tradición. Las lecciones que sacamos al estudiar la tradición son tanto positivas como negativas. Nos enseñan los errores que hay que evitar y también las lecciones que hay que aprender.

Este examen de la tradición como una base de la ética se hace siguiendo la historia de las diversas formulaciones sobre ética cristiana. Estas son interpretadas como expresiones de la comprensión de Dios y de Cristo. La tradición refleja la experiencia de la Iglesia. Se sustenta sobre la validez de las generalizaciones acerca de situaciones distintas, y éstas, a su vez, dependen de la común racionalidad que Dios nos ha dado. A menudo este aspecto racionalista del recurso a la tradición adopta la forma de la ley natural y su investigación. El propio Jesús agregó y adaptó la tradición judía. La enseñanza católica ha enfatizado el depósito de la fe y la necesidad de mantener las "verdaderas" interpretaciones de la Escritura. Los protestantes han sido más reacios en recurrir a la tradición en lugar de a la Escritura solamente.

No podemos separarnos de nuestras tradiciones y herencia. Entramos en la vida en medio de una tradición. Nos ayuda a hacernos lo que somos. Incluso el cuestionamiento de esa tradición viene, en parte, de la tradición misma. Sería posible y provechoso para nosotros que examináramos las grandes tradiciones éticas de la Iglesia, desde Agustín y Aquino, pasando por Lutero y Calvino, hasta los grandes teólogos moralistas del siglo pasado, pero resulta mucho más vital para nuestras intenciones que nos percatemos de que el estudio de tal proceso se basa en que la tradición va a proveer una sólida base para la enseñanza ética cristiana. Sin embargo, si este es el caso, apelar a la tradición es apelar a algo más básico todavía: la obra del Espíritu en medio de esa tradición.

EL ESPÍRITU Y LA IGLESIA COMO FUENTES DE LA ÉTICA

El punto de vista ético del Nuevo Testamento depende de la opinión de que el Espíritu Santo de Dios habita en los corazones y las mentes de los cristianos. Esto proviene de los primeros capítulos de Hechos, donde se describe la dádiva del Espíritu en Pentecostés.

Así se cumple la profecía de Jeremías 31:

"He aquí que vienen días, dice Jehová, en los cuales haré nuevo pacto con la casa de Israel y con la casa de Judá. No como el pacto que hice con sus padres el día que tomé su mano para sacarlos de la tierra de

> *Egipto; porque ellos invalidaron mi pacto, aunque fui yo un marido para ellos, dice Jehová. Pero este es el pacto que haré con la casa de Israel después de aquellos días, dice Jehová: Daré mi ley en su mente, y la escribiré en su corazón; y yo seré a ellos por Dios, y ellos me serán por pueblo"* (RV).

De esta manera el Espíritu viene a escribir la ley de Dios sobre los corazones de los hombres y las mujeres. Viene a capacitarnos para poder cumplir las demandas de Cristo. El es quien guía, enseña y conduce a la verdad (Juan 14:25-31; 15:21-16:15). El Espíritu era el poder generador y la guía moral interior de los primeros cristianos. El era quien producía el fruto moral que tan claramente se detalla en Gálatas 5. El Espíritu opera en el contexto de la Iglesia, tal como se desprende del Concilio de Jerusalén en Hechos 15, que se reunió para considerar cuáles eran las demandas éticas oportunas que se debían imponer a los cristianos gentiles. El Espíritu es el guía moral y mentor por excelencia, pero eso ha llevado a la necesidad de comprobar las pretensiones individuales de estar movido y dirigido por el Espíritu. La Iglesia primitiva generó varias pruebas para cerciorarse de la presencia y actividad del Espíritu en la vida de una persona. Todas estas pruebas están centradas en la comunidad del pueblo de Dios, la Iglesia.

LA IGLESIA COMO FUENTE DE LA ÉTICA

La obra del Espíritu se expresa en el contexto de la Iglesia, aunque algunos mantendrían firmemente que el Espíritu de Dios obra en la historia y en los asuntos de todos los hombres y naciones. Argumentar qué es la actividad del Espíritu de Dios en esos escenarios es mucho más difícil que en el contexto de la Iglesia. La Iglesia es el cuerpo de creyentes y es llamada el nuevo Israel, el cuerpo de Cristo y la comunidad del Espíritu. Es el centro del Reino de Dios y testigo de la presencia y el poder del Reino en el mundo. Debido a que la Iglesia existe en el mundo está rodeada de ambigüedad, ya que está en el mundo y sin embargo no pertenece al mundo. Llama a sus miembros del mundo para luego enviarlos de vuelta a él. La Iglesia está llamada a transmitir el juicio y la misericordia de Dios. Debe condenar el mal en el mundo y proclamar las buenas nuevas de Dios. Así, la Iglesia existe para el ministerio y la misión. Debe encarnar los valores de Cristo. Sus miembros deben vivir la vida cristiana.

Cuando el cristiano es llamado a emitir un juicio ético sobre algún asunto actual acerca del que no hay enseñanza bíblica y no puede extraer ninguna experiencia de la tradición, no se encuentra desvalido y sin nada que decir. Es entonces particularmente cuando el cristiano confía en la obra del Espíritu Santo para que guíe y dirija su pensamiento, de manera que pueda discernir la voluntad de Dios en esa nueva situación. Tal procedimiento pronto se reduciría a un mero subjetivismo y se vería afectado por las preferencias personales, a menos que hubiera algún medio de comprobación y corrección. La Iglesia, como comunidad del pueblo de Dios, provee esa serie de comprobaciones y correcciones, ya que el Espíritu guía y dirige en relación con y en el contexto del pueblo de Dios en su conjunto.

Esta es la razón por la que muchas iglesias independientes han adoptado una forma de gobierno y orden interno de tipo congregacional. Se trata de un intento de discernir la voluntad de Dios por el Espíritu, en el contexto de la Iglesia. En esencia hay poca diferencia entre esto y la noción católica de "acuerdo de los fieles".

Robert Murray, del Heythrop College, ofrece una valiosa ilustración que describe lo que esto podría significar. El criquet es un juego que tiene reglas, y sin embargo las reglas no son la esencia del juego. El juego depende de la actitud de la gente y de que se juegue de una manera determinada y con el espíritu correcto. Resulta sorprendente que a pesar de las grandes diferencias culturales entre Australia, las Antillas, India, Inglaterra y Pakistán, exista un consenso sustancial sobre cómo debe jugarse. Hay algo mucho más profundo que las normas escritas o los códigos de práctica de este deporte. Es un acuerdo internacional e intercultural sobre lo que es y lo que debería ser la esencia del buen criquet entre los seguidores del criquet en el mundo entero. Este es un magnífico exponente de lo que debería ser la Iglesia. Tal unidad de pensamiento y de actitud sería un signo vigoroso, y quizás convincente, de la presencia de Dios, así como una fuente para las respuestas cristianas a los nuevos desafíos éticos del mundo de hoy.

VIVIENDO CON LA MENTE DIVIDIDA

Existe una tensión entre el mundo en que vivimos y los valores que nos rodean, por un lado, y las fuentes de valores cristianos preservados en la Escritura, la Tradición, el Espíritu y la Iglesia. La naturaleza del mundo moderno plantea cuestiones esenciales a cada una de estas fuentes de valores. La erudición crítica y sus frutos, así como la presión del relativismo cultural formulan preguntas básicas acerca de la Biblia. ¿Cómo puede haber tal cosa como una revelación? ¿Cómo se produce ésta en relación con la Escritura? ¿Qué son la inspiración y autoridad de la Escritura? ¿Qué relevancia tiene la enseñanza bíblica para el mundo de hoy en día? ¿No corremos el peligro de tener un Papa de papel? También se cuestiona la tradición porque ¿cómo podemos juzgar la tradición? ¿Qué normas debemos utilizar y de dónde las sacamos? ¿Qué relevancia tiene la tradición? ¿Cómo se puede aplicar la tradición? ¿Qué hacer cuando la tradición parece entrar en conflicto con la enseñanza y principios bíblicos? El Espíritu y la Iglesia también están sujetos a preguntas, pues pudiera tratarse simplemente de protegerse de la subjetividad de un individuo y reemplazarla con la subjetividad o preferencia de un grupo. ¿Qué es el Espíritu y cómo actúa? ¿Puede existir una Trinidad?, y si es así, ¿cómo funciona? La Iglesia parece una fuente de moralidad poco creíble, ya que ha sido, y continúa siendo, culpable de acciones vergonzosas en nombre de Cristo y de la religión. Además, la Iglesia misma se caracteriza por un grado tal de variedad y diversidad que no puede ofrecer una dirección clara y única sobre cualquier tema ético. Quizás la acusación más feroz hecha contra la Iglesia sea la distancia tan grande que existe entre lo que enseña y predica y cómo se comportan los cristianos en realidad. La evidencia de las vidas que se viven parece contar en contra de la idea de una base ética genuina que se pueda descubrir presumiblemente en el contexto de la Iglesia.

CONCLUSIÓN

Resulta vital intentar responder a estas preguntas y a otras muchas críticas que se hacen contra los valores cristianos y su localización en la Escritura, la Tradición y la Iglesia. Sin embargo, nuestro objetivo es ver que persisten las pretensiones de llegar a los valores cristianos a partir de distintas fuentes. Estas pretensiones continúan realizándose en el mundo en que vivimos, a pesar de los valores éticos alternativos que nos rodean. Seguimos con el problema básico de tener que tomar decisiones éticas cristianas. Dado que ahora entendemos algo de nuestro mundo y de las líneas de pensamiento popular que suponen un desafío para los valores cristianos, y puesto que persistimos en nuestra opinión de que se puedan discernir principios éticos en el cristianismo, debemos ahora dirigir nuestra atención al método. ¿Cómo vamos a aplicar estos principios al mundo real a la hora de tomar decisiones? ¿Cuáles son los métodos para la toma de decisiones que los cristinaos puedan utilizar legítimamente hoy día?

Capítulo 4

FORMAS DE ENFOCAR
LA TOMA DE DECISIONES

En este capítulo intentaremos ver cómo han enfocado los cristianos la toma de decisiones en el campo de la ética. Obviamente hablaremos en términos generales, mostrando el énfasis más importante de cada uno de los diferentes enfoques. A continuación se discuten el legalismo y la casuística, la ética de situación, el personalismo, y lo que Philip Wogaman denomina la "presunción metodológica". Finalmente se presentará un método de enfoque alternativo como una contribución práctica a la toma de decisiones éticas.

EL LEGALISMO Y LA CASUÍSTICA

Hemos descrito cómo el concepto de revelación se halla en la raíz de la ética cristiana. En el campo de la ética esa revelación ha sido expresada de dos maneras. Existe una revelación *general* y una revelación *especial*. A grandes rasgos, estas categorías pueden reducirse a la ley natural y a la Escritura y el Espíritu. La ley natural consta de dos componentes distintos, aunque relacionados entre sí. Puede referirse a la naturaleza del mundo o a la naturaleza de la humanidad. En la discusión sobre el naturalismo y la propia ley natural tuvimos ocasión de bosquejar cómo se aplica este enfoque. El énfasis está en discernir las leyes morales generales y luego aplicarlas a los problemas y situaciones éticas. Este mismo énfasis puede ir unido a un gran hincapié sobre la revelación especial. Hemos visto que los escribas y los fariseos sucumbieron con demasiada facilidad a la tentación de utilizar el Decálogo y todo el Pentateuco como base para una serie de reglas y normas. La tarea del rabí judío consistía en aplicar estos principios y reglas al mundo real. Hay un momento muy revelador en la película *El violinista en el tejado* en el que compran una máquina de coser en una pueblo remoto de Rusia y luego llaman al viejo rabí para que bendiga la máquina. Es una lucha por encontrar una regla adecuada y luego aplicarla a las máquinas de coser. Los rabinos modernos todavía se encuentran con problemas relacionados con las reglas y su aplicación. Si paso la celebración del sábado en Gran Bretaña y luego vuelo a San Francisco, ¿debo observar lo que queda de sábado allí? ¿Cómo se aplican las restricciones del sábado judío cuando se cruzan fronteras internacionales y zonas horarias distintas? Este mismo enfoque se hace patente en la manera en que la gente se refiere a los dichos de Jesús y los escritos de los apóstoles.

El legalismo ha llegado a tener connotaciones muy negativas. Ahora se utiliza para describir un apego estricto a las normas, cueste lo que cueste. Este peligro es inherente a toda ética basada en normas. Las reglas, y el cumplimiento de las reglas, pueden convertirse en un fin en sí mismos, y en algo más importante que la gente a quien esas reglas estaban destinadas a ayudar. En esta sección estamos intentando hacer un relato mucho más neutro del legalismo, tomándolo simplemente como una forma de tomar decisiones en la que se apela a las reglas. Este tipo de enfoque conduce a lo que se conoce como casuística. El casuista se preocupa de aplicar normas éticas a casos especiales. Intenta sopesar los conflictos de obligaciones, trazando las distinciones y clasificando las excepciones. La casuística es la aplicación del enfoque legalista a problemas nuevos y difíciles. El hecho de que nos tengamos que enfrentar a tantos problemas nuevos hace que la vida del casuista esté muy ocupada. Su intento por establecer un código de normas subsidiarias a partir de las normas originales, provoca que la toma de decisiones sea mucho más compleja. Cuantos más requisitos, excepciones y circunstancias especiales a tener en cuenta, más complicado es el sistema de normas que se requiere para decidir a la luz de todos los factores. Esto hace que la vida parezca un proceso interminable de toma de decisiones éticas. A mayor complejidad en tales decisiones éticas, mayor resulta la necesidad de recibir el consejo de un experto. De hecho, a juzgar por la enorme complejidad de nuestro mundo actual y por el limitado conocimiento que tenemos de nosotros mismos, de las situaciones en las que nos encontramos y del mundo en que vivimos, el legalismo y la casuística aparecen como un sueño optimista irrealizable. Ser capaces de entender suficientemente bien como para aplicar las normas puede que esté más allá de la capacidad humana. Si a pesar de ello existe alguna esperanza de llegar a tal percepción y comprensión, ésta viene por mediación del experto. El ejemplo más familiar de casuista con el que podemos encontrarnos es el abogado. Podemos dirigirnos a él para que nos dé consejo sobre algo que parece sencillo: hacer testamento. Todo lo que hemos de hacer, pensamos, es apuntar en un papel más o menos lo que deseamos hacer y ya está, pero no es tan fácil. En primer lugar hay que utilizar un tipo determinado de lenguaje. Desde luego que nuestra sencilla prosa puede valer, pero es mucho mejor (es decir, más aceptable desde el punto de vista legal) si está expresada en la jerga y el estilo de los textos legales. El abogado se toma la molestia de mostrar las posibles malas interpretaciones a que puede dar lugar lo que se ha dicho, así que hay que rehacer nuestras expresiones para evitar esos malos entendidos. Después, el buen abogado señalará una serie de posibles sucesos y, a nuestro parecer, poco probables circunstancias, que deben ser tenidos en cuenta. Así pues, debemos expresar nuestra intención acerca de lo que pasaría si x, y y z llegaran a suceder y a, b y c no tuvieran lugar. Hacer testamento es un asunto complicado. Necesitamos ayuda legal por dos razones. El abogado entiende los aspectos más sutiles de la ley y también tiene una gran experiencia sobre lo que podría ir mal, así que está capacitado para ayudarnos a evitar las eventualidades imprevistas. No importa lo que ocurra, nuestros deseos finalmente serán puestos por escrito.

Si mantenemos la opinión de que la ética es como el mundo del derecho, entonces necesitamos la ayuda de alguien que conozca bien la ley y que sea capaz de aplicar la letra de la ley a las situaciones concretas. El enfoque legalista y casuista de la ética intenta hacer eso mismo. Busca aplicar las leyes y normas éticas a las situaciones reales de la gente. No obstante, esto puede significar un complejo conjunto de subnormas y reglas, además de la necesidad de contar con un consejo profesional. Existen, sin embargo, críticas más serias del legalismo y la casuística que las obvias de índole práctica.

Si se apela a la ley natural como el fundamento básico de la ética, parece que el número real de principios y normas debería ser muy pequeño. Anteriormente, en respuesta al relativismo, se argumentó que lo que parecían diferencias esenciales entre las normas éticas de Taunton, Tiree y Tombuctú eran ejemplos del mismo principio ético. Es decir, la preocupación por los familiares mayores. Lamentablemente, aunque esto sea cierto, puede no ser de gran ayuda. Darle a la gente una norma como: "Haz lo mejor que puedas por tus familiares ancianos", no trata con formas específicas de hacer lo mejor. La norma es vaga y general. De hecho, podría parecer tan vaga y general que resultara de nula utilidad como guía para el tratamiento efectivo de los familiares mayores. Para darnos cuenta de ello tan sólo necesitamos recordar las diferencias entre los tres lugares y lo que les ocurrió a los parientes en cada uno de ellos.

Estas leyes y normas generales, o incluso las muy específicas, no abarcan todos los casos. Esto es especialmente cierto, y al igual que ocurre cuando se recurre a la tradición, buscar entre las leyes naturales de la Escritura puede no darnos una orientación específica para enfrentarnos a los dilemas actuales. Los problemas éticos planteado por la eugenesia, la energía nuclear y la inflación distan mucho de la mayoría de normas que probablemente vayamos a encontrar en la Biblia y en la ley natural. Es más, al acudir a la Biblia o a la ley natural debemos reconocer que las leyes y normas están condicionadas por las circunstancias. Son propuestas en un contexto determinado y, presumiblemente, se trata de normas apropiadas para ese contexto y situación. Esto hace de la aplicación de tales normas a circunstancias, contextos y situaciones distintas algo que debe justificarse en base a los méritos de cada caso en particular. En la práctica, por supuesto, nos encontramos con que aplicamos algunas y descuidamos otras. Nosotros no lapidamos a las brujas, ni nos cortamos las manos, ni diezmamos nuestra cosecha anual de hierbas y flores. Sin embargo, creemos que está mal matar y que está bien actuar como pacificadores. Esto demuestra que apelar a las normas, sean bíblicas o naturales, no es suficiente por sí solo. Necesitamos algún criterio que nos permita decidir qué normas son aplicables y cuáles no, y si estas normas tienen una importancia universal o relativa.

Muchos de nuestros problemas éticos se agudizan cuando entran en conflicto diferentes juegos de normas. En el caso extremo de una mujer embarazada que morirá si continúa con su embarazo, nos encontramos con un principio de preservación de la vida. El problema es qué vida hay que preservar, dado que no se pueden salvar ambas. Veamos un caso más extremo, si cabe. Podríamos encontrarnos en una situación en la que alguien nos hubiera prestado una escopeta para cazar conejos. Una noche, el propietario viene pidiendo su escopeta. Ha descubierto que su esposa le ha sido infiel; está fuera de sí y quiere pegarle un tiro. ¿Deberíamos observar el principio de devolver lo que hemos pedido prestado o el principio de preservación de la vida? Por supuesto que intentaríamos razonar con él y quitarle esa idea de la cabeza. Se trata de una historia extrema y altamente improbable, pero que viene a mostrar que en situaciones extremas (quizás esto sea parte de lo que las hace ser extremas), las leyes y normas pueden entrar en conflicto entre sí. El legalismo y la casuística por sí mismos no nos dicen qué norma debe tener prioridad.

El corazón de la causa legalista está en observar las normas, pero esta misma audaz afirmación encierra algunas de las inquietudes que nos hace sentir el enfoque casuista. La ética es mucho más que observar las reglas. De hecho, pensamos que la vida de alguien que vive de acuerdo a un libro de normas está incompleta. Esta es la forma de actuar del novicio y del aprendiz. En la vida ética, al igual que en el campo deportivo, buscamos el estilo y la libertad. La persona verdaderamente responsable no consulta en el libro de instrucciones lo que debe hacer en determinadas situaciones. Responde a la necesidad del momento a la luz de sus principios y es consciente de las consecuencias. El enfoque centrado en la observancia de las normas parece ser un requisito menor dentro de la ética y no la plenitud de la vida ética. Con demasiada facilidad puede conducir a una actitud legalista, en el sentido negativo, en la que uno cumple la letra de la ley y se siente justificado. La imagen que viene a nuestra mente es la del fariseo justo que lucha por cumplir las más de seiscientas normas y reglas de la ley judía. Casi podemos oírle decir: "Hoy he conseguido cumplir más de quinientas. Me quedan menos de doscientas". Pablo se esforzó mucho en recalcar que la letra puede matar, mientras que el Espíritu da vida. Vivir a base de normas puede detener el crecimiento, el desarrollo y la madurez.

La última crítica del legalismo y la casuística es que en sí mismos no nos dicen nada acerca de los motivos para guardar la ley. Jesús mostró que lo que ocurre en el corazón de un hombre es tan importante como la acción externa. El existencialista pone un acento similar sobre la intención como llave de la verdadera vida ética. El legalista no se ocupa del tema de la motivación, ni tan siquiera tiene la preocupación ética por las consecuencias. La ética no es simplemente una cuestión de lo que hacemos, sino también de por qué lo hacemos y de cuáles serán sus resultados. Las consecuencias son significativas desde el punto de vista ético, y el hecho en sí de observar las normas no toma esto en consideración. El que tiene una visión utilitarista de las normas intenta remediar esta situación diciendo que observamos las reglas porque provocan la mayor felicidad del mayor número de personas. El cristiano legalista también diría que observamos las reglas porque Dios ha revelado esas reglas. El peligro consiste en que así nos convertimos en autómatas que guardan las normas en un vano intento por satisfacer a Dios, o porque tememos que seremos castigados si las incumplimos o fallamos a la hora de aplicarlas. Este conflicto está tipificado en los escritos del apóstol Pablo a judíos y gentiles que luchaban por mantener un equilibrio entre la ley y la gracia, o la ley y el Espíritu. Pablo, dirigiéndose a los gálatas, puso el ejemplo de los diferentes estilos de vida: el del hombre que vive bajo la ley y el del hombre que vive bajo el control del Espíritu. La ley por sí sola no llevaba, ni podía llevar a una persona a Dios, tal y como Pablo dijo de sí mismo en Filipenses 3. La gracia de Cristo, junto al inmerecido favor de

Dios, son el centro del cristianismo. La esencia de la ética cristiana es más nuestra respuesta en humilde y agradecida obediencia y amor ante esa gracia, que el legalismo y la casuística. No obstante, leyes y su aplicación a situaciones concretas tienen su lugar. Aún es así con lo que se llama "la ética de situación".

LA ÉTICA DE SITUACIÓN

Como tantas otras teorías morales, la ética de situación apareció como una alternativa a otras formas de tomar decisiones. Joseph Fletcher, el principal exponente de la ética de situación, rechazó el legalismo y el antinomianismo. El rechazo de Fletcher al legalismo siguió los argumentos expuestos en la última sección, mientras que su ataque contra el antinomianismo se basó en que éste era anárquico. El antinomiano cree que la misma situación nos mostrará qué deberíamos hacer. Depende del Allí y Entonces para que le provean con su solución ética. Este es un enfoque intuitivo. En la historia cristiana los anabaptistas siguieron esta línea, creyendo en que la "luz interior" del Espíritu les guiaría y dirigiría a conclusiones éticas. El problema fue que las conclusiones que ellos alcanzaron eran opuestas a los principios éticos de los luteranos, los católicos y los reformados. Ese individualismo y subjetivismo, unido a los consiguientes problemas de anarquía moral, hicieron que Fletcher buscara una alternativa.

Quien opta por una ética de situación aborda las situaciones en las que debe tomar decisiones bien pertrechado con las máximas y principios éticos de su comunidad y patrimonio. Trata esas máximas con respeto y las tiene como luz que ilumina sus problemas. Al mismo tiempo, y en cada situación, está dispuesto a ceder, o incluso a dejarlas a un lado, si haciéndolo así sirve mejor la causa del amor. Por tanto, la ética de situación enfatiza el uso de la razón como instrumento del juicio ético, y la revelación como la fuente última y norma absoluta y final del ágape. Ágape es la clase de amor inmerecido que Dios tiene por los hombres. La bondad y el bien son cosas de ahora, en esta situación, en lugar de serlo para todos los tiempos y situaciones. Esto conduce a los cuatro presupuestos de la ética de situación.

La postura de Fletcher está basada en el pragmatismo, el relativismo, el positivismo y el personalismo. A la ética de situación le interesa lo práctico: lo que funciona es conveniente y proporciona satisfacción. Del mismo modo, trata con lo que es relativo. Se da cuenta de que la vida humana es completamente contingente y que no existen los absolutos o las situaciones perfectas. Por tanto, debemos actuar con humildad puesto que somos criaturas morales imperfectas. Al mismo tiempo *planteamos* ciertas proposiciones en base a la fe. Éstas pueden ser mandamientos teológicos o máximas morales. Las afirmamos de una manera voluntaria y no racional. Al decir esto Fletcher llama la atención hacia nuestra incapacidad para probar la fe que tenemos en Dios. No podemos ofrecer pruebas convincentes, pero sí podemos postular esa fe. La esencia del comportamiento ético es la decisión y la elección. Somos incapaces de verificar las decisiones que tomamos, pero somos capaces de justificarlas. El último de los presupuestos coloca a la gente en el centro de atención del moralista, en lugar de las normas o los principios. La ética debe servir a la persona, y no convertirse en dueña de la persona.

Seis son las proposiciones que resumen el contenido de la ética de situación. Se nos insta a aplicar estos seis principios si de verdad queremos atender las demandas del *ágape* en cada situación.

1) Sólo hay una cosa intrínsecamente buena: el amor (ágape) y nada más.
2) La norma que rige la toma de decisiones cristianas es el amor (ágape) y nada más.
3) Amor y justicia son lo mismo. La justicia es la distribución del amor.
4) El amor desea el bien del prójimo, tanto si nos gusta como si no.
5) Solamente el fin justifica los medios.
6) Las decisiones del amor se toman dependiendo de la situación y no de las normas. El argumento de Fletcher descansa sobre el ruego de que cada situación se tome con toda seriedad y se calcule cuidadosamente cómo se le rinde un mejor servicio al amor en cada contexto.

Lo que resulta algo divertido, y que acaba finalmente por minar esta postura, es el error que conlleva su presentación. Fletcher aboga por el fin de los absolutos y del legalismo. Al mismo tiempo propone un nuevo (o más bien viejo) absoluto, el del amor. Sólo el amor es el único bien intrínseco. Es la única norma a la hora de tomar decisiones. Simplemente cambiamos lo que para Fletcher son absolutos inaceptables por un absoluto más aceptable. Él critica duramente el estilo legalista de los fariseos y de aquellos que se centran en las normas, y simultáneamente postula la necesidad de cuatro presupuestos para decidir bien, afirmando que la ética de situación se basa en seis proposiciones. ¿Qué son éstas, sino leyes o normas que hay que aplicar en cada situación? Nuevamente cambia una serie de normas y reglas por otras distintas. No sólo el método de Fletcher está plagado de problemas, sino también la toma de tales decisiones en la práctica. El problema inicial es cómo definimos "situación". Si debemos aplicar las máximas morales y hacer cálculos basados en nuestra tradición y patrimonio para deducir qué es lo que manifiesta más amor en una situación, debemos saber dónde empieza y dónde acaba esa situación. ¿Es correcto que dedique mi tiempo a escribir este libro, en lugar que pasarlo con mi familia? Aquí hay un problema específico, y si voy a seguir la línea de la ética de situación debo calcular qué es lo que mostrará más amor en esta situación. Pero, ¿cuándo empieza y acaba la situación de "escribir un libro"? ¿Comenzó cuando el editor soñó con la idea de un libro como éste, o quizás cuando hablé con él por primera vez? ¿Fue cuando empecé a recopilar el material o cuando me senté a escribirlo? También es un problema saber cuando terminará la situación. ¿Será cuando termino mis correcciones y compruebo la prueba final de imprenta, o tal vez cuando se publica? ¿Quizá cuando los críticos lo hacen pedazos, o cuando los lectores, airados, se quejan de que no les he sido de ayuda? ¿Será cuando percibo los derechos de autor? Todos estos momentos de la situación son significativos si tengo que evaluar si demuestro más amor escribiendo este libro o pasando el tiempo con la familia. Es posible que escribir me haga sentirme feliz y orgulloso, que ayude a la gente, que permita a las editoriales seguir en el negocio o que me proporcione el dinero para vivir.

También podría ser que tuviera el efecto contrario. Pasar tiempo con la familia podría aburrirnos a ellos y a mí, causar fricciones y discusiones y hacernos a todos demasiado dependientes los unos de los otros, o también podría tener el efecto contrario. Sin embargo, todavía no estoy seguro sobre dónde empieza y termina la situación y, por ende, el cálculo.

El mismo tipo de problema se plantea cuando se evalúa el amor en función de las consecuencias. No creo que Fletcher esté realmente a favor de tomar decisiones éticas porque *sintamos* que algo es producto del amor. Todo lo que dice acerca del cálculo le coloca en la tradición utilitarista que intenta calcular el placer, salvo que aquí lo que se mide es el amor en lugar del placer. Pero, ¿cómo podemos saberlo y cómo podemos garantizar ciertas consecuencias? Veamos de nuevo el ejemplo imaginario citado en la páginas 7-8. Yo tenía la intención específica de asesinar al rector de mi facultad, e intenté llevar a cabo mi plan con todas mis fuerzas, pero *desafortunadamente mis cálculos fueron erróneos. Yo no podía prever cuáles serían finalmente las consecuencias.* Calcular las consecuencias es un asunto muy arriesgado, que no ofrece ninguna certeza, y que cuenta con el problema añadido de no saber cuándo terminar el cálculo. Cuando sumamos lo que demuestra más amor, ¿hay que tener en cuenta hasta final de año, hasta el año próximo o hasta dentro de treinta años? Las respuestas pueden ser muy diferentes según cuándo y cómo acotemos la cuestión.

Esta operación de cálculo tan compleja, unida al deseo de asegurar que se hace justicia a los cuatro presupuestos y a las seis proposiciones, al tiempo que se comprende la verdadera naturaleza de la situación, hace que la tarea del casuista, en comparación, parezca sencilla. Parece como si para aplicar con éxito la ética de situación uno tuviera que ser omnisciente y capaz de hacerle frente a las presiones que en cada situación hacen extremadamente difícil ser objetivo y justo. Resulta inverosímil afirmar que "lo que manifiesta más amor" es una norma objetiva, ya que existe una gran diversidad de opiniones entre los cristianos en cuanto a qué constituye una acción de amor. ¿Demuestra amor rehusar casar a dos personas en la iglesia cuando una o ambas son divorciadas? Una respuesta apropiada a esta cuestión debe preguntar: «¿Amor a quién?» ¿Amor a la pareja, a sus familias, a sus anteriores cónyuges, a la gente en la iglesia que está pasando por dificultades en sus matrimonios, a los jóvenes que se preguntan si el matrimonio es para toda la vida o no, o a el pastor que siente el aliento del obispo en su cogote? La ética de situación nos dice que lo que necesitamos es amor, pero ¿amor a quién?

Finalmente, de entre las muchas críticas posibles, podríamos preguntar si el amor y la justicia son realmente la misma cosa, y si el fin siempre justifica los medios. La estampa de un tribunal donde se imparte justicia parece muy alejada de los contextos en los que fluye el amor. La clase de normas legales que tenemos son minimalistas y buscan trazar una línea por debajo de la cual no se le permite a la gente caer en su trato y relación con los demás. Esta justicia está muy lejos del amor. La ley puede requerir que no discriminemos a otros en función de su diferente color o credo. Tales leyes afirman categóricamente que ciertas formas de conducta son inaceptables, que son injustas. Esta formulación negativa es difícil de casar con las demandas positivas del amor. La ley no puede exigir que amemos a nuestros vecinos de otra raza. Una ley así no podría hacerse cumplir. Es más, habría quienes defenderían que imponer una ley así sería injusto. La justicia y el amor no son exactamente lo mismo.

Tampoco es cierto que el fin justifique siempre los medios. Muchos han hecho comentarios sobre la naturaleza excepcional de los casos presentados por Fletcher y sus partidarios. Hacemos bien en sospechar de una ética que está basada en las cosas excepcionales de la vida. Los ejemplos excepcionales puede que parezcan apoyar que el fin justifica los medios. Sin embargo, que algunos fines justifiquen algunos medios no quiere decir que todos los fines estén justificados por cualquier medio. Ciertamente existen algunos medios tan degradantes, asquerosos, dañinos y malvados que nunca llegaríamos a utilizarlos, por muy dignos que fueran nuestra causa y el fin último. Todos aceptaríamos que nuestros niños necesitan algún tipo de protección frente a las influencias negativas del mundo, pero haríamos bien en cuestionar la sabiduría de echar mano de la total separación de las escuelas, los compañeros de juego, la televisión, la radio, los periódicos, los libros y el resto de la gente, como un medio adecuado para conseguir ese loable fin. No todos los medios pueden ser justificados por el fin que persiguen.

Las críticas vertidas contra el legalismo y la casuística y la ética de situación no deberían inducirnos a error. Podemos ganar en percepción a partir de ambos enfoques. Las normas éticas y su aplicación resultan vitales para la moralidad y la toma de decisiones. El amor cristiano es fundamental para la ética cristiana, y debemos buscar la manera de expresar ese amor discerniendo tanto como nos sea posible la situación. La ética en general, y la ética cristiana en particular, no se ha quedado anclada en estos modelos de toma de decisiones. Ahora examinaremos dos formas recientes de enfocar las decisiones éticas.

EL PERSONALISMO

Estrictamente hablando el "personalismo" no es un método para tomar decisiones; sin embargo, sí sintetiza un conjunto de presupuestos éticos y el modo en que éstos son aplicados a los dilemas morales de hoy. Así pues, el "personalismo" consiste en mantener ciertos valores éticos que se agrupan alrededor de la noción de lo personal, y que constituyen el crecimiento y desarrollo de lo personal. Estos valores, después, son aplicados de manera regular y coherente, de tal modo que es posible hablar de un enfoque característico de los problemas éticos.

El informe *Relaciones homosexuales* bosqueja las distintas posturas morales e incluye la opinión personalista, diciendo de ella: "… lo que importa en el comportamiento sexual es la calidad de la relación personal que ayuda a expresar y confirmar" (página 47). Este punto de vista es ampliamente compartido por escritores modernos en el área de la sexualidad. Jack Dominian, un psiquiatra y consejero cristiano, expresa la esencia de esta postura de la siguiente manera: "Toda la actividad humana, tanto intra como interpersonal, es vista en términos de ampliar o disminuir el potencial de ser plenamente humano" –*Proposals for a New Sexual Ethic (Propuestas para una nueva ética sexual*, página 36).

Esta afirmación del personalismo depende de las definiciones de "persona" y "amor". Dominian tiene cuidado en definirlas a ambas:

"… Una persona es una unidad psicosomática que, desde el momento de la concepción en adelante, se da cuenta de su dimensión física, intelectual, psicológica (perspectivas afectiva y cognitiva) y espiritual, dentro de la particular matriz socioeconómica de su sociedad. La clave psicológica de ser una persona es el concepto dinámico de totalidad, es decir, de tener acceso de una manera equilibrada a todas y cada una de las dimensiones de uno mismo, tanto conscientes como inconscientes, y crecimiento, un proceso continuo que permite la realización del potencial propio" (página 36).

Así, a Dominian le resulta posible resumir las partes esenciales de una persona como "los componentes de la unidad psicosomática, su integración dentro de un todo dinámico y el crecimiento de la suma del potencial del todo" (página 36). En cuanto a la definición de amor, describe el uso del término diciendo: "He intentado especificar el significado de amor usando tres palabras clave: sustento, sanidad y crecimiento, las cuales, a su vez, requieren ciertas contingencias, tales como permanencia, continuidad y predictabilidad" (página 37).

Para Dominian, y para el personalista en general, la prueba de todas las relaciones y contactos humanos es muy simple: "Lo que realmente importa es el encuentro de las personas y la presencia del amor" (página 58). El valor seguro del enfoque personalista consiste en juzgar todas las relaciones, pero especialmente las de tipo sexual, por el criterio de la realización personal y la reciprocidad. No se trata de una doctrina egoísta, sino que expresa una preocupación genuina por el otro. La fuerza de esta postura se convierte también en su debilidad. Presupone que realmente entendemos lo que es una persona y lo que es bueno o malo para ella, y también que conocemos (y, es de esperar, controlamos) las consecuencias de nuestras acciones encaminadas a garantizar resultados de amor, totalidad y crecimiento. Resulta difícil ver cómo podemos asegurarnos de que el amor nos motive en todo lo que hacemos. Incluso si eso fuera posible, es difícil estar seguros de cuáles van a ser los resultados afectivos de nuestras acciones. Hay muchos tipos distintos de personas, y el enfoque personalista parece reducirse al tratamiento de casos individuales. El personalismo es muy necesario, en cuanto que reclama que se recuerde la importancia de los individuos. Sin embargo, es de poca ayuda como guía general de lo que tiene uno que hacer con estas personas y cómo puede uno garantizar los resultados de sus acciones, de modo que redunden en el sustento, salud y crecimiento de la persona en cuestión.

LA PRESUNCIÓN METODOLÓGICA DE WOGAMAN

El caso que presenta Wogaman en *A Christian Method of Moral Judgement* (*Un método cristiano de juicio ético*) tiene su origen en la tendencia de la ética a ocuparse del juicio ético de dos maneras distintas. La primera vía es la del perfeccionismo ético, en la que una tradición ética determinada provee las respuestas correctas. En este enfoque no hay lugar para la inseguridad. Las respuestas resultan obvias para el iniciado. El otro extremo, según Wogaman, es el de la ética de situación, que se preocupa del fin que se quiere conseguir y juzga los medios por el fin. Él se acerca a cada situación sin un compromiso previo acerca del mejor rumbo a seguir. La situación proveerá la solución, en la medida en que las soluciones son posibles.

Navegando entre la Escila del perfeccionismo y el Caribdis de la ética de situación, Wogaman introduce la idea de las presuposiciones éticas. Estas consisten en los prejuicios iniciales que tenemos a la hora de tomar decisiones. Éstas presunciones deben probarse a la luz de la evidencia. Si hay una buena base para el rechazo, debemos desestimar las presunciones. Si persiste la duda, debemos decidir en base a estas presunciones iniciales. Básicamente, su manera de ocuparse de la inseguridad es del todo probable que esté enraizada en la tradición ética. No obstante, llega a alcanzar juicios que permitirán tomar una acción inequívoca, y todo ello mediante el examen del campo de la jurisprudencia y las presuposiciones legales y de la toma de decisiones de los ejecutivos.

Este enfoque no es nuevo, argumenta Wogaman, pero es algo que todos realizamos en la práctica. Él reconoce que nuestros presupuestos son nuestros prejuicios básicos o juicios previos de los hechos. También admite la falta de voluntad de algunos para poner a prueba o comprobar sus presupuestos. Hacer esto equivale a ser culpable de una falta de seriedad moral y de no saber reconocer las limitaciones humanas. Seguidamente, Wogaman examina las excepciones éticas y las formas en que resulta apropiado dejar a un lado las presunciones morales. Después se ocupa de las "formas significativas de presunción" y de "los principios de polos opuestos", en los que intenta dar un esbozo del contenido de las presunciones, por ejemplo, de procedimiento, de principio, ideológicas, empíricas y de autoridad, además de las presunciones positivas y negativas de la fe cristiana. Estas presunciones cristianas encuentran expresión en las presuposiciones de polos opuestos más generales, tales como la naturaleza individual/social del hombre, la libertad y la responsabilidad, lo particular y lo universal, la conversación y la innovación, y el optimismo y el pesimismo. Estas presuposiciones de polos opuestos afectan todas las decisiones éticas que tomamos, y no son de contenido explícitamente cristiano.

Es difícil saber hasta qué punto Wogaman ha conseguido evitar los extremos. Su llamamiento al prejuicio como punto de partida básico suena extraño, pero aunque admitiéramos que es de sentido común acudir al prejuicio como recurso, resulta más difícil aún ver de qué manera uno puede ir más allá del plano del prejuicio. Nuestros prejuicios normalmente están profundamente arraigados y son, a menudo, irracionales. Utilizar medios racionales para intentar tratar con ellos puede que no esté del todo bien encaminado. Se hace difícil pensar cómo podría cambiar nuestra ética basándonos en este punto de vista. Si la respuesta es que el cambio no es el objetivo, entonces podemos dudar de que el ejercicio tenga algún sentido, excepto como una forma de reforzar el prejuicio. No hay duda de que Wogaman está en lo correcto cuando enfatiza la importancia crucial de nuestros presupuestos y la forma en que nuestro marco de presuposiciones opera en la toma de decisiones éticas. Algunos cuestionarían que el sistema legal y la práctica de los hombres de negocios formen una base sólida para las elecciones éticas. Sin embargo, es cierto que todos tenemos unos marcos de actuación determinados. Wogaman nos lo muestra, pero quizás no nos ayuda tanto a la hora de enseñarnos lo que debemos hacer con nuestro marco en el momento de tomar decisiones; decisiones que parecen ser bastante más que una cuestión de tratar con nuestros prejuicios.

APLICACIÓN DE UN MÉTODO: LA HISTORIA PERSONAL

Todo empezó cuando se me pidió que enseñara a la gente cómo pensar. Hay una rama de la filosofía que pretende hacer esto. Se llama lógica. Así que diseñé un curso sobre lógica. Era muy aburrido, porque no era la manera en que la mayoría de la gente piensa la mayor parte del tiempo. Así que comencé a explorar tipos de lógica más informal, formas ordinarias de pensar acerca de las cosas, y me impresionó la forma en que ese método en concreto había monopolizado el mercado. Se llamaba "pensamiento lateral". Edward de Bono había desarrollado este enfoque del pensamiento en un deseo de estimular el pensamiento creativo. Se quejó de que la mayoría de los intentos por enseñarle a la gente a pensar seguían una línea vertical. Enseñábamos a la gente a profundizar más y más en el mismo hoyo. De ahí la tendencia a una creciente especialización y a un conocimiento cada vez mayor sobre un número cada vez menor de temas. Él introdujo el pensamiento lateral, que es una manera un tanto formal de describir lo que muchos de nosotros hacemos de forma natural. Si no parece que vayamos a sacar petróleo de un hoyo, hacemos otro agujero en lugares donde creemos que pueda haberlo. En otras palabras, nos movemos hacia los lados para intentar ver el problema bajo otro prisma y probar un nuevo enfoque. De Bono diseñó una manera sencilla de enseñarle a los niños cómo poner en práctica este pensamiento lateral.

Al mismo tiempo, yo estaba enseñando ética cristiana y trabajando en un seminario teológico, preparando hombres y mujeres para el ministerio pastoral. El número y alcance de los problemas éticos crecía sin parar. Yo podía enseñarles los principios a partir de la Biblia, la tradición, el Espíritu y la Iglesia. Podía mostrarles cómo aplicar estos principios siguiendo las teorías del legalismo, de la ética del situación, del personalismo y de la presunción metodológica. Sin embargo, no estaba seguro de si les había enseñado cómo afrontar los problemas éticos a los que nuestro mundo moderno dará lugar dentro de cuarenta o cincuenta años. El segundo problema con los enfoques que solíamos utilizar era que conllevaban implícitamente ciertas asunciones, y que esas mismas asunciones que servían para hacer que el método despegara, al final se convertían en un obstáculo para alcanzar conclusiones éticas adecuadas.

Así que empecé a juntar mis dos áreas de enseñanza, y lo que sigue es un intento de hacer eso mismo. No es un enfoque nuevo. Se trata más de poner por escrito lo que ya hacemos que de un nuevo enfoque ético. Antes de explicar el método es necesario decir algunas cosas. Éstas son el resultado de comentarios realizados en varios grupos de iglesia cuando les he hablado acerca de este enfoque.

EL MÉTODO APLICADO:
ALGUNAS OBSERVACIONES ACLARATORIAS

Rara vez tomamos decisiones éticas. Dicho así parece que está mal. No obstante, la mayoría de las veces, cuando nos enfrentamos con asuntos o problemas éticos, reaccionamos. No pensamos acerca del dilema ético, simplemente respondemos ante él. Esto no quiere decir que nuestra reacción sea inmoral o subjetiva. Al contrario, nuestras reacciones son enormemente éticas. Son un reflejo de nuestra enseñanza, herencia y tradición éticas. Reflejan las formas en las que hemos sido educados y preparados moralmente. En cierto sentido, el hecho de que respondamos ante situaciones éticas haciendo juicios morales sin tener que pensar demasiado, es un tributo al éxito de nuestra inculcación ética. No necesitamos pensar sobre la mayoría de asuntos, puesto que nuestra reacción ética surge de forma bastante natural. Esto lo expreso con cierto cuidado. Nuestras reacciones surgen "bastante naturalmente" más que "naturalmente". Puede que exista un aprecio intuitivo de la ley natural, alguna consciencia inherente de nuestra propia naturaleza y de lo que es bueno o malo para nosotros, así como la voz y el poder de la conciencia, pero todos estos pueden ser fomentados, alentados y mejorados a través de una adecuada instrucción ética. No ocurre simplemente si se nos deja que nos las arreglemos solos. El terrorífico relato que hace William Golding de lo que ocurre en semejantes circunstancias es demasiado real como para que nos consolemos. *El Señor de las Moscas* personifica el temor y la seguridad que tenemos de lo que sería la vida si desapareciera la parafernalia de la civilización y la sociedad.

Nuestras reacciones, por tanto, son morales, porque forman parte de nuestra enseñanza moral, pero también forman parte de nuestra experiencia moral. La gente es demasiado sensata como para continuar creyendo en aquello que no funciona en la práctica. Si un método o un principio se viene abajo continuamente lo descartamos. Lo mismo ocurre con los métodos y principios éticos. Cuando reaccionamos ante una situación moral, reflejamos nuestra experiencia y nuestra percepción éticas. Esa percepción y esa experiencia que hemos ido adquiriendo por las malas a través de las turbulencias de la vida también llegan a ser una parte integral de nosotros. Nuestras reacciones ante situaciones morales son el resultado de nuestra experiencia ética y de la conciencia que tenemos de las cosas que funcionan a la hora de satisfacer nuestros propios criterios éticos.

Nuestras respuestas no son ni inmorales ni subjetivas. Existe el peligro de que el empirista nos lleve a engaño, al afirmar que puesto que los sentimientos están implicados en la ética, la ética consiste solamente en eso. Obviamente nuestros sentimientos son una parte importante de la ética. No sería ética si no nos afectara a nosotros y a nuestras emociones, y si no captara nuestros sentimientos. Pero de ahí a afirmar que somos víctimas de nuestros sentimientos hay un abismo. Cuando reaccionamos ante un asunto ético, no sólo estamos permitiendo que nuestros sentimientos saquen a relucir lo mejor de nosotros. Estamos expresando unas actitudes éticas y mostrando unos principios éticos. Estas actitudes y principios no son cosas puramente subjetivas, sino objetivas. No dependen de nosotros para su validez, verdad o falsedad. Esto lo podemos ver fijándonos en lo que ocurre si alguien cuestiona nuestra reacción ante un problema ético. Por supuesto que si alguien cuestiona nuestra reacción y sugiere que es inapropiada, podemos gritar, chillar y ponernos de mal humor. Ahora bien, lo que ocurre habitualmente es que intentamos justificarnos a nosotros mismos y nuestras reacciones, esto es, damos (o tratamos de dar) las *razones* de nuestra actitud. Comenzamos a reflexionar con más calma sobre lo que apareció de forma instantánea. Defendemos nuestros juicios éticos con razones, las cuales creemos que explicarán y confirmarán nuestro juicio ético. Esta manera de apelar a la base sobre la que se asienta el juicio creemos que también servirá para convencer a la persona que pidió explicaciones sobre la justicia o corrección de nuestro juicio.

Decir que rara vez tomamos decisiones éticas no es lo mismo que afirmar que nunca tomamos decisiones éticas. Las tomamos, y para ello se requiere un procedimiento, pero es mucho más raro de lo que imaginamos. Nos quejamos de que la ética de situación hacía que su moralidad dependiera demasiado de lo excepcional. En un sentido está muy cerca de dar en el blanco. Para la mayoría de situaciones éticas se pueden aplicar las normas antiguas y contrastadas sin pensar en ello. Estas decisiones se toman de manera automática. El problema es que de vez en cuando, y sólo de vez en cuando, las normas no se ocupan del ejemplo en cuestión o la ley falla. Entonces nos enfrentamos a circunstancias excepcionales. Tales excepciones son raras, pero precisan de una respuesta ética por nuestra parte. En cierto sentido estamos diciendo que la necesidad de procedimientos para tomar decisiones éticas se hace notar más en una crisis. La crisis puede consistir en que el viejo sistema no puede tratar con el problema, o en que se critica nuestro juicio y se nos emplaza a que demos una justificación del mismo.

Puede que nuestro mecanismo habitual de reacción ética no funcione bien porque nos enfrentemos con un problema genuinamente novedoso, una nueva amalgama de viejos problemas, un conflicto entre principios establecidos y procedimientos, o algún elemento sorprendente que pone a prueba nuestra forma tradicional de tratar el problema. No solemos seguir todos los procedimientos de pensamiento y comprobación a menos que sea necesario. El colapso o fallo de nuestras reacciones habituales haría que fuera necesario hacerlo, y lo mismo ocurriría en el caso de que se nos pidiera una justificación y de que aceptáramos la necesidad de justificar nuestras acciones. Al hacerlo así, seguiríamos algún procedimiento de toma de decisiones éticas o mostraríamos más bien lo que podríamos haber hecho (o hicimos de manera casi instantánea). El método que se presenta a continuación es una manera de enfrentarse con las situaciones de colapso o de petición de explicaciones. Este petición puede surgir incluso de nosotros mismos, cuando algo provoca que reflexionemos sobre alguna acción que hemos tomado. "¿Por qué razón me comporté de esa manera?" puede ser la primera pregunta en un proceso de búsqueda de justificación para nuestras propias respuestas éticas.

Algunos podrán pensar que este enfoque es demasiado racionalista. Naturalmente se basará en nuestra capacidad para razonar y aplicar esa razón a los problemas reales. No está muy claro porqué la gente es tan "anti-racional". De hecho, somos seres racionales. Somos mucho más racionales de lo que pretendemos ser, puesto que la percepción, el sentido y el conocimiento en el sentido físico y psicológico dependen de nuestra capacidad de raciocinio. Todos usamos esa capacidad la mayoría de las veces. Además, si tenemos la esperanza de conseguir una ética que tenga sentido para cada situación y para cada momento, amén de para cada persona, esa ética debe ser objetiva. Cualquier intento de demostrar su objetividad y de presentar razones para ese punto de vista se expresará de una manera racional y contará con nuestras habilidades racionales para comprender las palabras, seguir los argumentos, alcanzar una conclusión y evaluar todo el procedimiento y la correlación entre el proceso y la conclusión. Para ser capaces de juzgar lo que es adecuado y apropiado necesitamos tener la capacidad de recopilar los datos y reconocer lo que es apropiado, así como también lo que resulta inapropiado. Para aquellos que todavía protestan contra el prejuicio racional es necesario recordarles que este uso de las facultades racionales sólo tendrá lugar en situaciones de "crisis" y que el ejercicio de la razón no se encuentra aquí por algún propósito abstracto, sino que está pensado como algo eminentemente práctico y útil. No parece que utilizar las facultades racionales que Dios nos ha dado sea pagar un precio muy alto por conseguir afrontar los dilemas éticos y justificar nuestra aplicación de principios éticos a situaciones particulares.

La crítica de las maneras alternativas de tomar decisiones ha servido para dejar claro que éstas tienden a convertirse en descriptivas y a afectar el contenido del juicio, llegando incluso a obstaculizar el juicio en algunos casos. Una vez hayamos aplicado nuestro método a los dilemas éticos estaremos en condiciones de ver si podemos eludir esta crítica. Por el momento lo único que podemos afirmar es que el método, en sí mismo, es una *herramienta clarificadora*. Está diseñado para clarificar lo que estamos haciendo, y no tanto para forzar unos valores éticos determinados sobre nuestros procedimientos, mediante algún proceso de lucha. Esta aclaración se basa en la idea de que el enfoque es esencialmente neutro. Es un medio para ayudarnos a sacar conclusiones prácticas, y no un conjunto de conclusiones propiamente. Así pues, los críticos se quejarán diciendo que las respuestas son demasiado escasas. Esto está hecho adrede y forma parte de la naturaleza básica del método. No es que no haya respuestas. Nada más lejos de la verdad. En realidad el lector debe llegar a las respuestas siguiendo con el método, hasta llegar a sus propias conclusiones. Nuestro objetivo es ayudar a otros a resolver sus dilemas éticos de forma adecuada, es decir, a ser conscientes de qué es lo que están haciendo cuando emiten un juicio ético cristiano.

Por lo tanto, el método, tal y como ha sido esbozado, es en realidad una puesta por escrito de cómo la gente toma decisiones éticas en la práctica cuando empieza de cero, si es que es así. Se ha dicho que tales procedimientos tienen lugar raramente. Esto no es rebajar su importancia. Necesitamos saber qué hacer si nos enfrentamos a una nueva cuestión ética o a algún desarrollo novedoso de un problema antiguo. El siguiente método es una especie de lista de comprobación que nos muestra cómo proceder. En ese sentido puede parecer una obviedad, por cuanto es la clase de cosas que generalmente hacemos y que necesitamos hacer.

El método, aunque aplica algunas de las ideas del trabajo de de Bono, no tiene nada que ver con sus puntos de vista. *No* está asociado a ninguna manera concreta de pensamiento ni a ningún programa determinado para estimular la creatividad. Algunas de las herramientas de de Bono pueden ayudarnos en un área en la que él no se sentía especialmente competente, y que está muy alejada de sus propios intereses centrales. Incluso si él está totalmente desencaminado, la aplicación de algunos de sus enfoques pueden no obstante ser perspicaces y útiles para todos nosotros.

EL MÉTODO APLICADO: SU CONTENIDO

1. Considere todos los factores (C.T.F.)

Demasiado a menudo, cuando tomamos decisiones de cualquier tipo, nos descuidamos a la hora de tener en cuenta algún detalle crucial. Esto es algo tan serio en la ética como lo es en los negocios. Resulta vital que consideremos todos los factores. Hay una forma muy sencilla de comenzar a hacer esto. Se trata de tener una "tormenta de ideas" sobre un tema concreto y apuntar todo lo que pensamos que tenga relevancia. Cuanta más gente haya haciendo esto, menos probable será que se omita algún factor importante. Con frecuencia es conveniente ponerse un límite básico como guía. "Intentaré hacer una lista con veinte factores que necesito tener en cuenta en esta situación". Esto suena más difícil de lo que es en realidad. Cuando hayamos aplicado esto a alguna cuestión ética, pronto veremos que en realidad se trata de sentido común.

2. Los principios de importancia básica (P.I.B.)

En toda toma de decisiones es vital tener claras nuestras prioridades. Este procedimiento nos recuerda que tenemos principios, y que necesitamos hacer dos cosas. Primeramente, necesitamos descubrir cuáles son los principios y cuáles tienen que ver con la situación. En segundo lugar, necesitamos ordenar las prioridades y los principios. Esto es especialmente importante si existe la posibilidad de que haya un conflicto entre principios. Si todo se reduce a una elección entre principios, ¿con cuál nos quedamos cuando debemos renunciar a todo lo demás? Algunos filósofos expresan este punto diciendo que es posible tener tan sólo un principio básico y fundamental. Se trata del supuesto más básico que hacemos acerca de todo lo que somos y hacemos. Es importante reconocer cuál es ese principio, y colocar los demás principios en orden después de aquél y en relación con él.

Para el cristiano, la manera de discernir los primeros y más importantes principios es la siguiente:

i. *¿Tienen la Escritura alguna enseñanza o principios específicos que sean relevantes para el caso?*

Esto implicará buscar la manera de aclarar los principios teológicos y éticos que están en juego, además de la enseñanza bíblica concreta, y hacer referencia a otros pasajes de la Escritura a modo de equilibrio y complemento de los pasajes en cuestión.

La forma de responder en detalle a la pregunta es ir siguiendo nuestra lista de comprobación, tal y como aparece en la página 79.

ii. *¿Tiene la tradición alguna enseñanza o principios específicos que sean relevantes para el caso?*

iii. *¿Tiene el Espíritu o la Iglesia alguna enseñanza o principios específicos que sean relevantes para el caso?*

3. Propósitos, metas y objetivos (P.M.O.)

No es suficiente tener claro cuáles son los principios. También necesitamos saber el propósito y la dirección que estamos tomando. ¿Dónde queremos estar? ¿Qué objetivos tenemos en mente? ¿Hemos distinguido entre lo que es deseable y lo que es posible? Quizás lo más importante de todo sea considerar cuáles serán las consecuencias de nuestra acción, hasta donde podemos preverlas. ¿Pueden estas consecuencias ser evitadas o mitigadas? En cualquier situación es importante conocer la motivación y los deseos de aquellos involucrados, así como las consecuencias que presumiblemente se derivarán de la puesta en práctica de sus motivos, buscando cumplir sus propósitos.

4. Alternativas, posibilidades, opciones (A.P.O.)

Es importante considerar todas las posibilidades y opciones que se nos abren en los dilemas éticos. Normalmente existe más de una manera de responder a un problema particular, y las primeras reacciones no son necesariamente las mejores. El énfasis en el A.P.O. implica una cuidadosa consideración y reflexión sobre las alternativas, buscando comprender la gama de opciones disponibles antes de comprometernos finalmente con una actuación determinada.

5. Los puntos de vista de otras personas (P.V.O.P.)

Uno de los problemas con el enfoque existencialista es que con demasiada facilidad degenera en el egoísmo. La ética entraña tomarse en serio a otras personas. Hacer esto es intentar mirar las situaciones y los problemas a través de los ojos de las demás personas involucradas. Basta con que consideremos los posibles beneficios que se producirían si el obrero viera las cosas desde el punto de vista del empresario, y viceversa, para que nos demos cuenta de la importancia que tiene "ponernos en la piel de los demás".

Considerar el problema desde el punto de vista del otro significa que no podemos simplemente agradarnos a nosotros mismos sin tener en cuenta la voluntad y los deseos de los demás. Por supuesto que no siempre resulta fácil ver las cosas desde la perspectiva de otra persona, especialmente si en principio estamos en desacuerdo con ella. Sin embargo, el esfuerzo bien merece la pena, y resulta vital si queremos tomar una decisión ética bien fundada. El procedimiento práctico puede expresarse de forma visual (ver página 112).

CONCLUSIÓN

El propósito de este capítulo ha sido ofrecer una descripción y una crítica de las formas más comunes de tomar decisiones entre los cristianos. Éste fue el preludio del intento por darle algo de contenido a las maneras de tomar decisiones que dicta el sentido común. El método presentado no es en sí mismo un precepto ético. Está pensado como una herramienta clarificadora que nos permita enfrentarnos con las decisiones que debemos tomar en las pocas ocasiones en que se requiere un procedimiento de tanta complejidad. Durante la mayor parte de nuestra vida ética somos capaces de confiar en nuestras respuestas éticas habituales. Cuando éstas están en la línea de fuego, o cuando tenemos que hacer frente a circunstancias excepcionales, precisamos de un método para enfocar los juicios morales. Ahora falta aplicar este método a algunas de las áreas éticas en las que existe debate entre los cristianos de hoy.

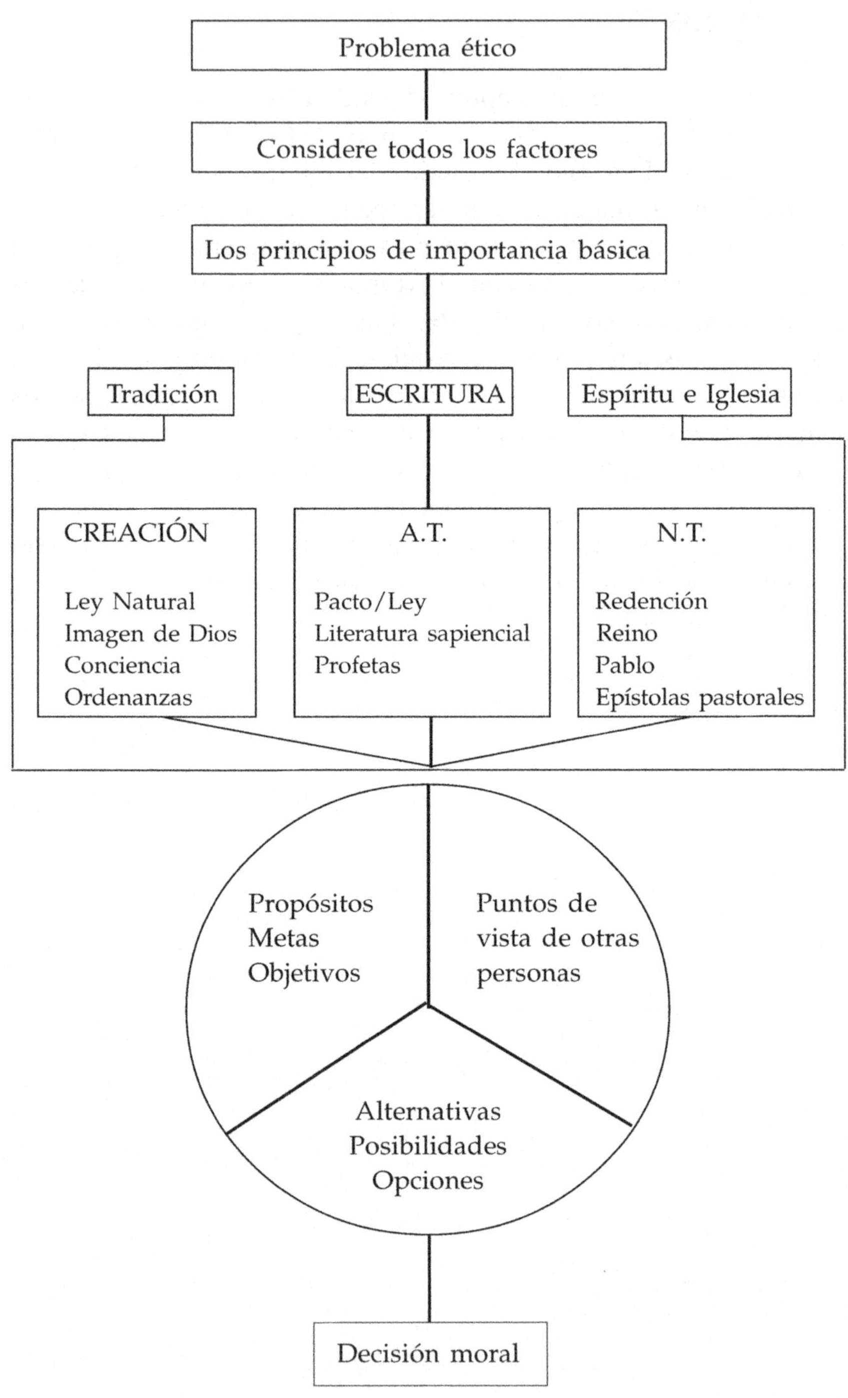

Problema ético
Considere todos los factores
Los principios de importancia básica
Tradición
ESCRITURA
Espíritu e Iglesia
CREACIÓN
Ley Natural
Imagen de Dios
Conciencia
Ordenanzas
A.T.
Pacto/Ley
Literatura sapiencial
Profetas
N.T.
Redención
Reino
Pablo
Epístolas pastorales
Propósitos
Metas
Objetivos
Puntos de
vista de otras
personas
Alternativas
Posibilidades
Opciones
Decisión moral

Capítulo 5

ASUNTOS DE VIDA O MUERTE: EL ABORTO

Cuando uno discute sobre ética con estudiantes de medicina, los temas del aborto y la eutanasia inevitablemente saltan a la palestra. Esto no resulta sorprendente si tenemos en cuenta que es en estas áreas, más que en ninguna otra, donde a la profesión médica se la mira con lupa. Recientes casos judiciales de cooperación al suicidio y la muerte de bebés con malformaciones ponen de manifiesto la preocupación de la opinión pública, y del propio colectivo médico, por salvaguardar la sociedad. Tanto el aborto como la eutanasia son asuntos que arrastran una gran carga emocional, y por eso se hace más necesario que nunca considerar de una manera fría y objetiva los problemas que plantean. Nuestra implicación personal en casos de aborto o eutanasia se dará rara vez, a menos que trabajemos directamente en hospitales o clínicas donde los embarazos y nacimientos, o el cuidado de ancianos y enfermos terminales, sean la rutina habitual. Para la mayoría de nosotros las cuestiones relacionadas con el aborto y la eutanasia son excepcionales y poco comunes.

Es importante que recordemos que nuestro propósito aquí no es llegar a una conclusión determinada. La intención es más bien la de mostrar cómo se puede aplicar el método a un tema, de manera que cada individuo o grupo pueda llegar a sus propias conclusiones. Nuestra meta es *clarificar*, como medio para que otros sean capaces de decidir. Al final de cada sección no habrá una sola respuesta. Es de esperar que se produzcan una mayor comprensión y claridad en torno al problema, de modo que se pueda llevar a cabo adecuadamente la tarea de tomar una decisión. De cada persona o grupo depende hacer eso por sí mismos.

1. C.T.F (Considere todos los factores)

Necesitamos hacer una lista con todas las áreas implicadas en el tema del aborto. Lo que son los diversos aspectos del asunto del aborto.

a. La madre: sus derechos.

b. Su salud: emocional y física.

c. Su situación: hogar, trabajo, relaciones, creencias.

d. El feto: su condición, su estado (¿es una persona?), sus derechos.

e. Derechos: derechos de la madre, del niño, del padre, de los médicos, de las enfermeras, de la sociedad.

f. La ley: ¿qué está permitido y que está prohibido? ¿Por qué hay una ley? ¿Funciona la ley?

g. El padre: su condición, actitud, creencias.

h. Valores éticos: de la madre, del padre, del personal médico, de la ley, del público en general

i. La presión familiar: otros niños, padres y familiares.

j. La opinión pública: los medios de comunicación, los puntos de vista locales.

k. Las creencias religiosas: la enseñanza de la Iglesia, la Biblia, la práctica habitual, las propias creencias de la madre, del personal médico, del padre.

l. La expresión sexual: matrimonio, violación.

m. La situación económica: ahora, después del nacimiento/aborto.

n. Prejuicios y emociones que entran en juego.

o. La actitud del doctor: personal, profesional.

p. La actitud de las enfermeras: personal, profesional.

q. La liberación de la mujer: derechos.

r. Definición de vida.

s. Definición de persona.

t. Definición y formas de aborto.

u. Mi implicación en la situación: mi papel, mis creencias y prejuicios, mi meta.

v. Consecuencias de la decisión de abortar o de no abortar: madre, padre, familia, feto, personal médico, hospital, Seguridad Social, sociedad.

w. ¿Quién debe escoger?: la mujer, el médico, la sociedad, el padre.

Es obvio que algunos de estos se solaparán, pero lo importante es que nos centremos en el énfasis principal de cada uno de los puntos planteados. Mediante el proceso de "bombardear" nuestras mentes podemos fácilmente elaborar este tipo de lista. En todo caso, la lista simplemente nos da las áreas que hay que explorar. No nos proporciona un orden de prioridades. Consideraremos cada una de ellas, de la *a* a la *w*, por turno, estableciendo las relaciones apropiadas y simplificando así nuestra lista de factores antes de aplicar el resto del método. Posteriormente volveremos a comprobarla para asegurarnos de que realmente hemos considerado todos los factores sin dejarnos ninguno. Puede que esto parezca un trabajo duro y quizá aburrido, pero resulta vital si queremos comprender la variedad de factores que entran en juego en la situación, y la importancia y relevancia de estos factores en nuestra toma de decisiones.

(a) La madre: Sus derechos

(i) *Los derechos de la mujer*
El caso de los pro-abortistas se basa en la idea de que el aborto es un derecho de toda mujer. Después de todo, dicen, las mujeres son las que quedan embarazadas y llevan al niño en su seno. Detrás de esto se esconde la opinión de que una mujer tiene derecho a hacer lo que quiera con su propio cuerpo. Esto debe verse como una libertad básica de las mujeres. El derecho de las mujeres a abortar libremente es considerado como esencial para poner fin a los abortos clandestinos y a todo el daño causado por éstos. En ningún otro caso se defiende el derecho a abortar con mayor firmeza que en el caso de una violación. Hoy en día, un

aborto en tales circunstancias es hacerle pagar a los inocentes por los crímenes que no cometieron. La horrible brutalidad de una violación destruye la dignidad de la mujer. Viene como algo indeseado, desagradable, inesperado e inmerecido. ¿Acaso es correcto o justo esperar que una mujer pague el precio del mal que se le ha hecho forzándola o animándola a dar a luz al niño? ¿Es que tiene que soportar el recuerdo de tan espantosa experiencia? ¿Se la debe forzar a ver cada mañana, cada mediodía y cada noche, la personificación de lo que puede haber destruido su vida, su carrera, sus oportunidades de disfrutar de una relación afectiva estable y, en definitiva a ella misma?

Un segundo argumento de peso para defender el derecho de una mujer a abortar es el supuesto en el que la vida de la madre corre peligro. Es importante resaltar que tales ocasiones son extremadamente escasas en la actualidad, y que muy rara vez se da el caso de tener que escoger directamente entre la vida de la madre y la vida del feto. Sin embargo a menudo se dice que en caso de producirse tal conflicto, los derechos de la mujer están en primer lugar. No obstante, el Movimiento para la Liberación de la Mujer no está preocupado únicamente por los casos excepcionales de violación o de riesgo para la vida de la madre. Sostiene que en cada situación, si en opinión de la mujer su bienestar requiere que aborte, su decisión es absoluta, ya que están en juego sus derechos.

(ii) *Los derechos de otros (e)*

Hay opiniones contrarias a este tipo de énfasis tan exclusivo sobre el derecho de la mujer. Dos son los argumentos que se presentan. El primero se centra en el punto (e) (página 131). Hay otros derechos en juego en el tema del aborto y estos requieren un estudio. Obviamente la madre tiene algunos derechos, pero también los tiene el feto o niño. El niño está indefenso y es incapaz de hablar por sí mismo para defender su derecho básico a existir y a nacer. Si el niño guarda silencio, otros deben hablar en su nombre.

El padre también tiene derechos. En cierto sentido el niño es suyo y le pertenece. Sus intereses también entran en liza, al igual que los de la madre. Si bien recientes sentencias judiciales han invalidado los intentos de un padre por evitar que su esposa abortara, el hecho mismo de que el caso llegara a los tribunales es una prueba de que la ley reconoce a primera vista el derecho del padre en tales situaciones. Su voz debe ser oída y sus derechos protegidos. El personal médico también tiene derechos. Sus propias opiniones deben ser tenidas en cuenta. Deben tener el derecho de negarse a realizar tales intervenciones. Esto está consagrado en las leyes del aborto de Gran Bretaña, pero en la práctica las cosas pueden ser bien distintas. La presión de las aspiraciones profesionales, de los colegas más veteranos, y de la política y horario hospitalarios puede forzar a los médicos y enfermeras a actuar de formas que ellos mismos lamenten y encuentren moralmente repugnantes. En tales casos sus derechos son vulnerados, cuando no debería ser así. También la sociedad puede que tenga algunos derechos en juego. La sociedad puede denegar que alguien tenga el derecho de hacer lo que quiera con su propio cuerpo, arrogándose el derecho de evitar que la gente se haga daño a sí misma y a otros. La sociedad puede reclamar para sí el derecho de no permitir que la gente se degrade a sí misma y rebaje el valor de la vida humana.

El segundo razonamiento y debate en relación con los derechos de la madres tiene que ver con la responsabilidad. Sin responsabilidades no hay derechos. La idea de "derechos" indica que alguien, o algún grupo, permite u otorga derechos a otros. Otra posibilidad es que la naturaleza misma confiera ciertos derechos, tal y como sugieren la Declaración de Independencia de los Estados Unidos y la Declaración de los Derechos Humanos de la O.N.U. El hecho de tener derechos implica la necesidad de llevar a cabo deberes y obligaciones. En una sociedad, si la gente tiene derechos no debe abusar de ellos, sino actuar de manera responsable. De otro modo podría estar en peligro la existencia de los derechos y el ejercicio de los mismos. Si en una situación de aborto la mujer tiene derechos, ¿qué responsabilidades traen aparejados esos derechos? ¿Ante quién y de qué es responsable?

De esta forma observamos que hay *un tema principal de derechos* que debe ser considerado. El peso respectivo de las diversas reivindicaciones tiene que ser medido cuidadosamente.

(a) y (e) van juntos, y deben considerarse juntos, tal como hemos hecho.

(b) La salud de la madre: Emocional y física

Al llegar a (b) vemos que es falso y sirve de poco separar (b) de (c), (i) y (lm) –su situación general, presión familiar y situación económica. También sería una tontería no hacer referencia a (h), (k), (v) y (w); sus valores, creencias religiosas, las consecuencias para ella, su libertad y capacidad de escoger, además de sus derechos. Comenzamos a notar que el método del "bombardeo" saca a relucir gran variedad de temas y materiales para la reflexión. Habitualmente pueden organizarse en grupos, de modo que cada área sea considerada oportunamente en relación con las demás. No obstante, este procedimiento viene en un segundo término, y sólo puede llevarse a cabo cuando seguimos la lista de factores uno a uno y empezamos a darnos cuenta de las relaciones entre ellos.

Al considerar todos los factores nos colocamos en una posición desde la cual podemos comenzar a ver las conexiones entre los factores y la necesidad de considerar estos factores en su conjunto, en lugar de por separado.

(i) *Salud emocional*

¿Cuál es el estado emocional de una mujer? ¿Es normalmente una persona muy estable o tiene altibajos? Desde que quedó embarazada, ¿cuál es su estado emocional? Aquí mucho va a depender de las condiciones en que se quedó en estado. Es de suponer que en la mayoría de los casos de aborto no hubo intención de buscar el embarazo. Fue un accidente o un crimen. Quizás falló el anticonceptivo o no hubo ningún intento por evitar el embarazo. Esto podría deberse a la ignorancia, al alcohol o las drogas, al descuido o, simplemente, al más puro optimismo: "A nosotros no nos pasará". También podría ser debido a una agresión sexual. Es posible que esta agresión tenga lugar bien dentro del matrimonio bien fuera de él. ¿Hubo agresión o violación? ¿Fue la mujer simplemente la víctima o jugó algún papel entre los agentes causantes de la situación? El estado emocional de la mujer variará de acuerdo con las circunstancias que condujeron al embarazo y también de las presiones que desembocan en la posibilidad de abortar. ¿Desea ella abortar? ¿Ha sido o está siendo presionada por el padre, sus padres, familia o amigos? ¿Hay alguna presión económica involucrada en la situación?

El hecho mismo de estar embarazada puede perturbar su estado emocional. Algunos dirían que estar embarazada supone encontrarse en una condición que conlleva una gran carga emocional. ¿Cómo soporta emocionalmente el hecho de estar embarazada? Esto, por supuesto, nos lleva a considerar cómo se enfrentará emocionalmente a la interrupción del embarazo o a la continuación del mismo. ¿Es probable que se vea afectada por la culpa y la depresión? Existen evidencias de traumas postaborto en muchos casos de interrupción del embarazo. El continuar con el embarazo, ¿la llevará a caer en una depresión, o quizá incluso en un colapso mental. ¿Está la mujer en condiciones de soportar la presión emocional del embarazo, nacimiento y crianza de un niño pequeño (o dándole a ser adoptado)? Las respuestas a estas preguntas no sólo dependen del estado emocional de la mujer, sino de su bienestar físico, de la familia y de la situación económica en la casa.

(ii) *Salud física*

¿Se encuentra bien la futura madre? ¿Está en forma y goza de buena salud? ¿Ha sufrido algún daño físico debido al embarazo provocado por una agresión sexual o violación? ¿Es buena su condición general? ¿Ha afectado su salud física el hecho de quedar embarazada? ¿Habrá cambios en su situación si continúa con el embarazo? Igualmente es importante considerar si es capaz de soportar la presión de una operación y el estrés físico de la anestesia, además de cualquier otro malestar derivado de la interrupción del embarazo. ¿Seguirá con buena salud si sigue adelante con el embarazo? ¿Afectará un aborto su capacidad física de tener más niños? Esta última posibilidad es altamente improbable, pero puede ser una preocupación real para las mujeres que desean abortar. ¿Tiene la fortaleza y el estado físico necesarios para llevar a término el embarazo, dar a luz y comenzar a alimentar y cuidar un bebé?

(c) La situación de la madre

Es discutible si resulta apropiado hablar de "madre" en lugar de simplemente mujer o "futura mamá". Sin embargo, resulta crucial conocer la situación de la mujer. Ya hemos formulado preguntas para descubrir las circunstancias que condujeron tanto al embarazo como a la solicitud de interrupción del mismo, o al menos a la consideración de esa posibilidad. Estos factores tienen que ser colocados en el contexto del hogar, del trabajo, de las relaciones, de sus reflexiones sobre las diversas áreas de la vida y de sus propias creencias religiosas y éticas. ¿Cuál es la situación del hogar? ¿Está casada, soltera o separada? ¿Vive con su marido? ¿Viven sus padres en la misma casa o cerca de ella? ¿Está involucrada la familia, tanto su propia familia (marido e hijos) como sus padres, hermanos y demás parientes? ¿Cómo son las relaciones? ¿Se encuentra la mujer feliz y segura? ¿Puede que la llegada de un niño, o de otro niño, amenace esa seguridad? ¿Le causará problemas con la familia la interrupción del embarazo? ¿Causará problemas en el hogar, con el marido, con los niños (si los hay) o con cualquier otra persona que viva allí, la aparición de un nuevo bebé? Obviamente, la calidad de las relaciones y la capacidad de esas relaciones para soportar la presión que comporta decidir interrumpir o continuar con el embarazo, son factores fundamentales para entender a la propia mujer y aconsejarla, si es que nos encontramos en situación de hacerlo.

También cambia nuestro planteamiento si la mujer trabaja fuera de casa. ¿Cómo ve ese trabajo? ¿Es una necesidad, una satisfacción económica o personal, o un pasatiempo? ¿Afectará la llegada de un bebé todo esto? ¿Será capaz de volver al trabajo? ¿Se verán perjudicadas sus aspiraciones profesionales? ¿Cuál es la actitud de sus jefes y compañeros de trabajo? ¿Cuál será su reacción, cualquiera que sea la solución adoptada? Evidentemente en estas áreas de las relaciones y de la situación nos preocupan fundamentalmente dos cosas. Queremos saber cuál es la situación real de la mujer y cómo percibe ésta su propia situación. Puede que ambas no sean iguales. Una mujer embarazada, al igual que todos nosotros, puede tener una percepción de la realidad distinta de la realidad misma. Parte de cómo se percibe a sí misma y a su situación será un reflejo de sus propias creencias éticas y religiosas. Volveremos sobre estos temas más adelante cuando tratemos de los puntos (h) y (k), pero conviene notar que la mujer tendrá algunos puntos de vista éticos y, posiblemente, creencias religiosas también. Puede que crea que cualquier manera de matar está mal, o que la gente debería ser libre para escoger lo que desea hacer a pesar de todo. Puede que crea en un Dios ante el cual es responsable y debe rendir cuentas, o que dar a luz es un medio de salvación. Cualesquiera que sean sus creencias en el campo ético y religioso, es importante que descubramos esas creencias y la importancia que tienen para la mujer.

(i) *La presión familiar*

La salud y situación de la madre reflejan parcialmente el apoyo, o falta de él, que recibe de su familia. Esto incluye tanto a su marido e hijos como a sus padres y familiares. De nuevo puede que haya diferencias entre lo que es el caso y cómo siente la mujer que es. Del mismo modo, los demás pueden decir una cosa y, sin embargo, demostrar con su comportamiento y actitud que sienten algo muy distinto. ¿Qué tipo de presión existe por parte de los otros hijos y del marido? ¿Es suficiente con que deseen otro hermanito o hermanita? ¿Saben que está embarazada? ¿Cómo reaccionaron? y, sobre todo, ¿cómo es probable que reaccionen a largo plazo ante la nueva llegada? ¿Afectará esto al equilibrio de la familia, tanto en el sentido económico como psicológico? ¿Apoya el padre/marido a la mujer? ¿La apoyará sea cual sea la decisión? ¿Tiene él alguna preferencia en particular?

¿Cuáles son los sentimientos de los padres de la mujer y de sus parientes? En el caso de una mujer soltera ésta es el área de mayor presión. Aquellos que a menudo se muestran antiabortistas en términos generales, llegado el momento solicitarán enérgicamente un aborto para su hija. Las mujeres casadas también sufren presiones de sus padres y parientes próximos. Estas presiones pueden ser tanto para que tenga como para que no tenga el niño. Este tipo de presión puede ejercerse de formas muy sutiles, pero es muy real y afecta a la mujer y a su decisión. Resulta particularmente importante saber en qué medida tal presión ha forzado a la mujer para que insinúe abortar, y hasta qué punto se trata de una expresión genuina de su propia voluntad y deseos.

(ii) *Consecuencias y elección*

Estas categorías deben ser tratadas por derecho propio [ver (v) y (w) más adelante], pero es oportuno reconocer que las consecuencias de abortar o de continuar con el embarazo hasta el final son muy grandes para la mujer. Su vida durante al menos los próximos meses, y probablemente durante muchos años, se verá radicalmente afectada por la decisión tomada en esta situación. Bien pasará de una futura maternidad a una maternidad real, o bien abortará y perderá el feto. Sus relaciones con el padre, con sus propios hijos, padres, parientes y amigos podría verse alterada por la elección tomada, así como también su carrera, relaciones futuras y bienestar económico y personal. Ella es plenamente consciente de que las consecuencias de su decisión no la afectarán únicamente a ella, sino que tendrán efectos de gran alcance sobre otros muchos.

Resta por discutir quién debería tomar la decisión de abortar o de seguir adelante con el embarazo. Para algunos la propia mujer es la que tiene el derecho absoluto de elegir. Los que critican el derecho de la mujer a elegir basan sus argumentos en la aptitud de la mujer para tomar una decisión. Esto no sólo resulta difícil cuando hay violencia de por medio, sino que el estado mismo del embarazo y el tener ante sí la opción de abortar son suficientes para que la capacidad de la mujer para tomar una decisión racional que le satisfaga a largo plazo se vea mermada. Se argumenta que mujeres embarazadas tienen sentimientos y deseos muy contrarios. Precipitarse en una decisión tomada en un instante equivale a ignorar la posibilidad de un cambio de opinión en el próximo. No obstante, puede que la pregunta entonces se convierta en extremadamente tendenciosa, porque si la mujer no debe elegir, ¿quién debe hacerlo en su lugar?

(d) El feto

Al considerar el feto, su condición, estado y derechos, de inmediato nos enfrentamos al problema de las definiciones. Es importante definir la vida y lo que significa ser una persona. Esto nos llevará a hacer alguna reflexión acerca del feto en relación con la ley, la opinión pública, los valores y creencias éticos y religiosos y, finalmente, a considerar las consecuencias que tiene para el feto la decisión de seguir adelante o de interrumpir el embarazo.

(i) *La condición del feto*

Nuestra preocupación, y la del personal médico, es la de conocer la condición física del feto. ¿Es un bebé normal o tiene alguna malformación? ¿Cuál es el grado de malformación? ¿Hasta qué punto es seguro el diagnóstico y fiables las pruebas realizadas? Algunos creen que el aborto es una posibilidad mayor en el caso de alguna deformidad. Niegan que una existencia deforme sea una vida humana. Ser anormal, imbécil, hidrocéfalo o sifilítico congénito equivale a no poder aspirar a una verdadera existencia humana. Una vida de sufrimiento tal no es vida en absoluto. Otros estarían en total desacuerdo. No importa la condición del feto, se trata de una vida humana. Si existen problemas médicos con el feto, debemos hacer todo lo que podamos, no sólo para intentar preservar su vida, sino para ofrecerle la mayor calidad de vida posible al feto. Si no es viable, entonces la naturaleza misma intervendrá mediante un aborto espontáneo. Nos ocuparemos de este argumento natural más adelante, bajo el epígrafe de "ley natural".

(ii) *La definición de vida (r)*

El problema con la definición de vida no consiste simplemente en dar una explicación biológica. Más bien, se trata de definir el momento en que comienza la vida humana. Esto es más difícil de lo que parece, y existen un buen número de teorías contradictorias entre sí. Algunos enfatizan que la vida comienza en el momento de la *fertilización*, cuando el esperma masculino fertiliza el óvulo o huevo femenino. Otros escogen el momento de la *implantación*, esto es, cuando el huevo fertilizado se agarra a la pared de la matriz. Las futuras mamás tienden a decir que la vida comienza cuando sienten por primera vez que el bebé se mueve en su interior –el momento del *despertar*. Otros dicen que el momento crucial de la vida es el de la *viabilidad*. Este es el momento en el que el feto es capaz de sobrevivir fuera del útero materno, aunque esta supervivencia solamente sea posible en una incubadora de la unidad de cuidados intensivos para bebés prematuros. Este factor de viabilidad decrece por momentos, ya que hoy se sabe de bebés de tan sólo veintiuna o veintidós semanas que han sobrevivido. Hubo un tiempo en el que se pensaba que las veintiocho semanas era la cifra general de viabilidad. De ahí los plazos que establece la Ley del Aborto. Esa cifra de viabilidad es ahora mucho más baja, y puede que continúe bajando. Otros argumentan que la vida humana propiamente dicha solamente comienza cuando tiene lugar el *nacimiento*. La vida empieza con el nacimiento. Los más pedantes podrían afirmar que la vida humana en sí sólo está presente cuando somos plenamente independientes de otros para nuestra supervivencia física. Según esta teoría es probable que algunos de nosotros nunca seamos completamente humanos.

Algunos han probado un estilo distinto de enfocar la definición de la vida, y para ello han establecido una distinción entre la vida humana real y potencial. Razonan diciendo que la diferencia entre una mujer embarazada y el feto es que la una es un ser humano real, mientras que el otro sólo es un ser humano en potencia. Se echa mano de la ciencia genética para reafirmar este punto de vista. Desde el momento de la fertilización el feto está programado por el material genético, de modo que, caso de alcanzar la plena madurez, llegará a tener una altura, forma, color y personalidad determinados. Otros hablan con desprecio de la búsqueda de un "momento mágico" en el que comienza la vida. Que seamos incapaces de determinar el momento exacto no significa que no exista tal momento, ni que la vida no esté presente de hecho.

(iii) *La definición de persona (s)*

Íntimamente unido al debate sobre los comienzos de la vida se encuentra la cuestión de qué es lo que define a una persona. ¿Es el feto una persona? Para responder a esta pregunta uno debe tener alguna idea de lo que constituye la condición de persona. Tradicionalmente se ha considerado que era una cuestión de "poseer un alma". Si uno cree en el alma, entonces se enfrenta al problema previo de cuándo entra el alma en el cuerpo. Todas las respuestas a la pregunta anterior acerca de cuándo comienza la vida se han ofrecido como respuestas al momento en que se produce la "animación" del cuerpo. En esta época tan materialista, las ideas de un alma y de una relación alma/cuerpo no son muy populares. A pesar de ello la gente todavía reconoce una condición humana, y busca ofrecer alguna definición sobre la naturaleza de ésta. Para algunos, ser una persona es ser capaz de pensar racionalmente. Otras definiciones ponen el acento sobre la responsabilidad y la capacidad de "dar cuentas", o la capacidad de establecer y mantener relaciones humanas. Esto presenta dificultades en los casos de los dementes, de los niños, que todavía no han llegado a la plenitud del comportamiento humano, y, por supuesto, del feto. Normalmente a los dementes y a los niños se les considera personas en base a lo que han sido o llegarán a ser. Puede que el feto pertenezca a esta última categoría, como alguien que aún tiene que convertirse plenamente en una persona.

La gente corriente siente poca simpatía por los argumentos filosóficos que tratan de cuestiones metafísicas, como por ejemplo ¿qué es una cosa en y por sí misma? Ellos saben lo que es una persona, pero encuentran difícil catalogar a un feto que se encuentra en el útero materno. Puede que el padre y la madre tengan un mote para el feto. Para ellos él es una persona real, especialmente desde el momento del despertar, cuando la vida puede ser vista y sentida. Retrospectivamente la gente se refiere al feto en términos de la persona que ahora conocen. Todos conocemos la situación en la que un niño pequeño pregunta dónde se encontraba en algún momento anterior al nacimiento. Hablamos de cuando "Juan estaba de camino". Esto implica algún tipo de persona y de personalidad, aunque no plenamente desarrollada. Se trata de una dificultad semejante a la de intentar definir la vida.

(iv) *El feto en la ley*

En recientes procesos legales se han hecho reivindicaciones en nombre del feto, y se ha reconocido que el feto tiene algunos derechos en este sentido. Se ha resarcido económicamente a niños que sufrieron lesiones antes de nacer en accidentes de carretera y que continúan sufriendo las consecuencias de ello. También es posible que alguien reclame daños y perjuicios por la pérdida del feto a consecuencia de un accidente. En los tiempos del Antiguo

Testamento se penalizaba con una multa la pérdida de un feto si un hombre hería a una mujer y ésta abortaba. El feto tenía un valor y una dignidad, incluso aunque éstos fueran menores que los de una persona madura. Está claro que el feto tiene derechos ante la ley, pero estos derechos son limitados. El feto puede heredar, y su bienestar es preservado, hasta el punto de que las lesiones recibidas en el *útero* pueden ser compensadas más adelante en la vida. Sin embargo, no se puede reclamar contra el feto por daños que pudiera producirle a la madre, así que se trata de un caso menor, lo cual no es una gran sorpresa.

(v) *El feto y la opinión pública*

Poca gente, excepto los activistas o aquellos que están implicados en el embarazo, parecen pensar mucho en la condición del feto. La demanda de abortos y la relativa facilidad con que se puede acceder a ellos indican que la opinión pública tiene poca consideración por el feto. El reciente referéndum sobre el aborto realizado en Italia revela que el derecho de la mujer está muy por encima del derecho del feto. Sin embargo, hay dos sectores de la opinión pública que contrastan con esto. El primero es la actitud de los grupos de presión antiabortistas, como por ejemplo la *Society for the Protecction of the Unborn Child* (Sociedad para la Protección del Niño No Nacido) y *Life* (Vida). Su "elevada" opinión de los derechos y condición del feto y del valor de su vida les lleva a intentar cambiar y modificar la ley y la opinión pública de manera activa. La literatura y la publicidad están orientadas a apelar a la opinión pública y a la moralidad, en un intento por presionar a los legisladores para que enmienden las leyes del aborto.

También se da el caso de que entre el personal sanitario y la madre y el padre del feto existe una mayor conciencia del feto. Esto se pone de manifiesto en la forma de referirse al feto, el lenguaje utilizado e incluso los nombres de "mascota" que se le dan al ser que se encuentra en el seno materno. Esto no debe confundirse con las referencias retrospectivas en las que todos caemos al hablar de cuando "María estaba de camino". Para algunos "María" era "María" desde los comienzos del embarazo. Para otros se trata simplemente de una manera de fechar otros acontecimientos en relación con los que viven en ese momento, y no tanto de una base sólida para reflexionar sobre el estado ontológica del feto.

(vi) *El feto y los valores y creencias éticos y religiosos (h, k)*

Al ocuparnos de las definiciones de vida y de persona nos hemos adentrado en el terreno de lo ético y lo religioso. Estas definiciones no son exclusivamente preocupaciones legales, aunque puede que resulten vitales dentro de la jurisdicción de los tribunales y de nuestros sistemas legales. Lo que creemos que es una persona y nuestros puntos de vista sobre la naturaleza de la vida son parte fundamental de nuestros valores y creencias éticos y religiosos. Cada sistema ético trae consigo alguna noción sobre la santidad de la vida y los límites de tomar una vida. La vida debe ser preservada bajo condiciones específicas. Aquí resulta fácil que las diferentes prácticas culturales nos lleven a engaño. Nos imaginamos que la moralidad varía tanto como las prácticas culturales. Los espartanos colocaban a sus bebés varones sobre las laderas desprotegidas poco después de nacer. El hombre actual se asegura de que los bebés se encuentran a salvo dentro de los hospitales y de las incubadoras, en situaciones de total seguridad. Esto parece indicar que la vida es más valiosa hoy de lo que era entonces. Hay formas en las que nos aferramos a la vida hoy en día que pudieran sugerir que la vida para nosotros tiene una importancia suprema, pero lo cierto es que la vida les importaba mucho a las madres y padres espartanos, y a la sociedad espartana en general. Tratándose de una pequeña ciudad-estado, la supervivencia era crucial. Esto quería decir ejércitos poderosos, que a su vez requerían de un flujo continuo de jóvenes capaces. El primer paso para producir una generación de soldados resistentes era la exposición a las inclemencias del entorno. Los débiles no sobrevivían, mientras que los jóvenes supervivientes eran criados hasta su completo desarrollo con lo mejor que Esparta podía ofrecer. La vida importaba, aunque esta vida era sólo una vida saludable.

En nuestros dos ejemplos el marco ético influye sobre el comportamiento hacia el feto. Por tanto resulta vital clarificar los valores éticos subyacentes de aquellos que se ven involucrados en una posible situación de aborto. Más adelante examinaremos los puntos de vista éticos de la madre, del padre, del personal médico, de la ley y del público en general (h). Lo trascendental es saber que la gente tiene valores éticos con respecto a la naturaleza de la vida y a qué es lo que constituye a una persona en tal. Estos valores éticos no sólo encuentran expresión en el lenguaje que utilizamos, sino también en nuestro comportamiento personal y nuestras actitudes sociales y legales.

Si esto es cierto con respecto a los valores éticos, no es menos cierto en relación con las creencias religiosas (k). Para muchos su ética tiene una relación directa con su orientación religiosa. Para ellos la moral está basada en su religión. Por consiguiente, resulta esencial clarificar qué creencias religiosas entran en juego entre aquellos implicados en la posibilidad de abortar. La naturaleza e intensidad de estas creencias es importante, y también lo es el punto en el que pueden ser invalidadas.

Muchos testigos de Jehová se niegan a permitir transfusiones de sangre en base a sus creencias religiosas. En el caso de sus hijos, algunas autoridades locales en Inglaterra han dado el paso de quitarle la patria potestad a los padres y otorgar la tutela del niño a la autoridad competente. Posteriormente, las autoridades locales han dado permiso para realizarle una transfusión al niño. Es obvio que el criterio de las autoridades judiciales y locales es que preservar la vida es más importante que permitir que las creencias religiosas dicten el tratamiento que debe seguir un menor. Con esto no quiere decirse que las creencias religiosas no tengan cabida en las situaciones médicas peliagudas, sino tan sólo clarificar que el estado, los médicos y la ley pueden buscar el modo de limitar la influencia de tales creencias religiosas si éstas parecen colisionar con las normas éticas generalmente aceptadas.

Esta tensión y limitación pueden funcionar de diversas maneras. Durante mucho tiempo existió una considerable presión para cambiar las leyes del aborto en Inglaterra, pero particularmente el colectivo médico, con su cautela, jugó un papel dilatorio. Tradicionalmente los médicos tienden a ser conservadores, y los recientes intentos por alterar la Ley del Aborto no han gozado del apoyo del sector médico. Todavía se espera, y se exige, un elevado comportamiento ético por parte de la profesión médica, la cual controla a sus propios miembros y asegura un alto nivel ético.

(vii) *Consecuencias para el feto (v)*

Aunque mostraremos que las consecuencias de cualquier decisión relacionada con la interrupción del embarazo o con seguir adelante con él tienen un gran alcance (v), es evidente que las consecuencias más serias son las que afectan al feto. Si se decide interrumpir el embarazo, el feto morirá. Algunos lo expresarían de manera mucho más rotunda: el feto será asesinado. Sin ser consultado y sin darse cuenta, la vida del feto tocaría a su fin, aunque son muchos los que afirman que algunas técnicas empleadas en los abortos causan un dolor y un sufrimiento intensos para el feto. La vida se acabará, y la importancia de este hecho pesa mucho en las dimensiones ética y religiosa y en las actitudes hacia el aborto.

Por contra, la decisión de continuar con el embarazo hasta el final significa que, si todo va bien, el feto nacerá. Así, una nueva vida vendrá al mundo y afectará y se verá afectada por mucha gente. El tiempo, el esfuerzo y el desarrollo de una serie de relaciones harán posible que el feto llegue a cumplir plenamente el potencial de la vida humana. Para el niño con alguna minusvalía, esta es la manzana de la discordia dentro del debate sobre el aborto. No hay duda de que la ciencia médica es capaz de predecir cada vez con mayor exactitud las características del estado físico y mental del feto, así como las posibilidades y el grado de discapacidad que tendrá. Al mismo tiempo, sabemos cuál es la calidad de vida y de cuidado de que disfrutan los deficientes. Algunos sostienen que este conocimiento es muy limitado. ¿Quién puede hacer suya la experiencia de aquellos cuyas vidas son tan radicalmente distintas de las nuestras? Esto no quiere decir necesariamente que estén contentos y felices con la calidad de vida que tienen. La ignorancia acerca de la experiencia de otra persona no puede interpretarse positivamente como una prueba satisfactoria, en todo caso esa ignorancia nos recuerda la necesidad de ser cautos a la hora de hacer burdas generalizaciones sobre la percepción (o falta de ella) que tiene el disminuido acerca de su estado. Tampoco tenemos claro cuál será el avance de la medicina por lo que se refiere al descubrimiento de nuevas sustancias y técnicas para el tratamiento de los discapacitados. Una vez más, este desconocimiento no puede servir en sí mismo con una excusa para abortar o dejar de abortar. Hace falta disponer de otros factores clínicos o éticos adicionales para inclinar el argumento en una dirección u otra.

Incluso si tuviéramos totalmente claro el grado y la experiencia de la discapacidad, aún no estaría claro el valor que podemos asignar a la calidad de vida, tanto en nombre del propio interesado como en relación con nuestros propios criterios acerca del valor de la vida. Algunos creen que si existe un grado muy elevado de discapacidad y eso va a perjudicar la calidad de vida que pueda disfrutar el feto cuando nazca, entonces la interrupción del embarazo debería ser automática, o cuando menos debería ponerse al alcance de los padres. Inmediatamente esto introduce la cuestión de las consecuencias de abortar o no abortar para otros. Se afirma que no es razonable esperar que los padres carguen con un niño discapacitado profundo. Más aún, algunos dudan que sea sensato esperar que la sociedad se ocupe de estos disminuidos profundos a través de sus recursos médicos y asistenciales. Es fundamental separar las dos tramas argumentales en el planteamiento proabortista que se basa en las consecuencias. La primera consecuencia inaceptable es la calidad de vida del disminuido. La segunda consecuencia inaceptable es el dolor, la presión y las exigencias que deben soportar los padres y la sociedad si el embarazo no se interrumpe.

El argumento que sirve para rebatir al anterior suele proceder a poner en duda nuestra capacidad para predecir de manera precisa cualquiera de los dos tipos de consecuencias. Si no lo sabemos, no podemos interrumpir el embarazo. No obstante, hemos visto ya que la duda y la ignorancia por sí solas son insuficientes como base ética para rechazar el aborto. La verdad de la cuestión ética es que el rechazo a contemplar la posibilidad del aborto se basa en la creencia de que, no importa cuáles sean las consecuencias, está mal tomar la vida de alguien y privar a la persona discapacitada de alguna clase de calidad de vida, sin importar en qué consista ésta ni las implicaciones que esa vida tiene para aquellos que deben cuidar del disminuido. Según este punto de vista, la vida en sí misma es valiosa, y debe ser preservada a cualquier precio. Es obvio que esta afirmación es un tanto extrema, pero es lo que se esconde detrás de gran parte del desasosiego que provoca la idea de abortar en base a la existencia de minusvalías.

Existe otra consecuencia más que debemos notar. Se trata del famoso argumento del efecto cuña. Si hoy permitimos que un feto discapacitado sea eliminado, mañana podría tratarse de bebés, niños o adultos sanos, cuyas vidas son "inaceptables" para la mayoría de la sociedad. Trataremos este argumento del efecto cuña más adelante (v), pero es interesante darse cuenta de las palabras "podría tratarse", porque esa duda es el punto débil en la presentación de tal argumento. Este tipo de duda puede aplicar igualmente a los argumentos pro y antiabortistas basados en los probables efectos derivados de la ilegitimidad del niño. Cuando una madre soltera solicita el aborto, evita las consecuencias de tener un hijo ilegítimo. Este es el razonamiento proabortista, pero no podemos asegurar si el estigma de ser un hijo ilegítimo destruirá al niño o le hará vencer toda clase de oposición y abuso. Al no saberlo, no podemos apelar a ninguna de las posibles consecuencias como base para tomar la decisión de permitir o rechazar un aborto.

No obstante, las consecuencias que tiene para el feto la decisión de abortar o de no abortar son de lo más previsibles. Literalmente, se trata de un asunto de vida o muerte para el feto, y ese hecho pesa enormemente en todos aquellos que deben tomar alguna decisión relacionada con el aborto. Así debería ser, ya que tomar la vida de alguien es algo definitivo y se encuentra en el límite mismo de nuestras relaciones humanas en la sociedad. Hay que tener mucho cuidado al tomar decisiones tan trascendentales.

(e) El tema de los derechos

Y hemos examinado algunas de las principales preocupaciones acerca de los derechos de la mujer y del feto –(a)(i),(ii), (d)(iv). Vimos que el caso en favor de los derechos de la mujer estaba basado en el hecho de que la mujer es la que lleva el feto y en la afirmación de que éste es un parásito de la mujer. Una mujer debería ser libre para hacer con su propio cuerpo lo que quiera. Especialmente importantes son las situaciones en las que los derechos de la mujer han sido vulnerados. La violación, el incesto, y el sexo forzado dentro del matrimonio son condiciones en las que el aborto debería ser libre y gratuito. Más polémica es la afirmación de que una mujer tiene un derecho absoluto a la completa salud social, psicológica y física. Si un embarazo amenaza esta salud, debe ser interrumpido.

En marcado contraste con lo anterior aparecen los derechos del feto a la propia vida. Dado que el feto es incapaz de defender y reivindicar sus propios derechos, la sociedad y la ley deben poner sumo cuidado en salvaguardar los derechos del feto. La dificultad estriba en que raramente las situaciones de aborto son una cuestión clara de escoger entre los derechos de la mujer y los del feto. Hay que considerar los derechos de muchos otros. El padre del niño tiene derechos. Él comparte la responsabilidad de la concepción y tiene derecho a tener voz y voto en cualquier decisión que afecte la vida del feto. Sentencias recientes han tendido a subsumir esos derechos bajo los derechos de la madre del feto. Así, un marido no puede forzar a su mujer a seguir con el embarazo si ella desea abortar y su caso está dentro de los supuestos legales para abortar. Sin embargo, el padre debería ser consultado y aceptar su responsabilidad hacia el feto.

Una de las dificultades principales del aborto realizado en la seguridad de un hospital es que involucra a otras personas. Los médicos y enfermeras juegan un papel fundamental, y muchos están dispuestos a asumirlo. Sin embargo, hay quienes, por motivos éticos o religiosos, se niegan a tomar parte en los abortos. Una vez que la ley permite abortar, la posición de tales doctores y enfermeras se convierte en una preocupación importante. La misma ley contempla una "cláusula de conciencia" que otorga el derecho de no participar en aborto alguno a los objetores de conciencia. En principio sus carreras no deberían sufrir ningún daño por culpa de su decisión. En teoría ésto es así, aunque son muchos los que creen que la presión que se ejerce sobre el personal de menor antigüedad para que participe en los abortos es muy grande. En los concurridos servicios de ginecología, donde todo el personal está sometido a una gran presión, la negativa a participar en ciertas prácticas inevitablemente despierta una cierta hostilidad. Esto puede afectar a las futuras perspectivas del objetor y su relación personal con otros miembros del departamento.

La sociedad también tiene algunos derechos en estos asuntos. El hecho de tener leyes de aborto, que reflejan un cambio en la opinión pública, demuestra que la sociedad expresa su conformidad con que se proceda al aborto del feto bajo ciertas condiciones específicas. Que tales condiciones sean específicas pone de manifiesto que la misma acción, fuera de las condiciones indicadas, infringe los derechos de la sociedad, y que la sociedad, a través de la ley, actuará para castigar a tales infractores.

Todos y cada uno de los diversos derechos mencionados aquí están sujetos a dos niveles de control. El primer control surge del posible conflicto de derechos entre las partes interesadas. Así, debe existir alguna jerarquía de derechos en los casos difíciles. Se recurre a la ética, la religión y la ley como base para esa jerarquía. El segundo control consiste en darse cuenta de que la reclamación de derechos va acompañada de la asunción de obligaciones. Los derechos de una persona son las obligaciones de otra. La interacción de derechos y responsabilidades significa que el ejercicio de un derecho tiene lugar en un contexto en el cual se cumplen las obligaciones y responsabilidades. Por lo tanto, debe existir una base suficiente para que se dé tal cumplimiento, y eso, inevitablemente, nos lleva de nuevo a la ética y la legalidad de cualquier decisión relativa al aborto.

(f) La ley

Para entender adecuadamente la existencia de leyes sobre el aborto en Gran Bretaña, es necesario bosquejar cuál era la situación anterior. Parece ser que los abortos siempre se han dado a lo largo de la historia. Tales abortos eran ilegales, así que el aborto se convirtió en algo clandestino. Tradicionalmente, la razón principal en favor de la legalización del aborto ha sido que había que resolver el problema de los abortos clandestinos. Muchas mujeres desesperadas por culpa de su embarazo estaban dispuestas a recurrir a personas no cualificadas, que realizaban su trabajo en condiciones insalubres, y que a menudo carecían de auténticos conocimientos médicos o sanitarios. La ginebra, las agujas de punto, los baños calientes, los polvos vomitivos y las operaciones arriesgadas produjeron un alto número de muertes, esterilidad y muchas heridas. Algunos médicos y enfermeras, horrorizados por el sufrimiento, arriesgaron su reputación profesional para ayudar a quienes pedían abortar. Si se les descubría se les procesaba, aplicándoseles la Ley de Delitos contra las Personas de 1861, o la Ley de Protección de la Vida Infantil de 1929. El aborto no estaba totalmente prohibido. Si la vida de la madre estaba en peligro, el personal médico estaba amparado por la ley si realizaba un aborto.

Debido a los abusos de los abortistas clandestinos, el elevado número de personas que solicitaban abortos, el riesgo para el colectivo médico y el cambio general producido en el clima social y moral ante el problema del aborto, se aprobó la Ley del Aborto en 1967. Según los términos de la ley, la interrupción del embarazo está permitida si el riesgo para la salud y vida de la madre es mayor que el riesgo de la interrupción, si el feto presenta minusvalías severas, y si el ambiente de la madre, tanto social como psicológico, es tal que aconseja la realización del aborto. Hay otras tres condiciones establecidas para abortar. La primera es que la interrupción debe producirse antes de la vigésimo octava semana del embarazo. La segunda, que dos médicos deben aprobar la interrupción. La tercera es la presencia de la llamada cláusula de conciencia, que otorga libertad a los médicos y enfermeras para negarse a participar en prácticas abortivas.

Tanto los partidarios como los detractores del aborto están de acuerdo en que esta ley debería ser cambiada. Por supuesto que difieren por completo en la dirección en que deberían producirse tales cambios. Los proabortistas abogan por leyes más flexibles y abiertas, mientras que los antiabortistas defienden leyes más restrictivas. Hay ciertos problemas y abusos de la ley que preocupan a todos aquellos implicados en la aplicación de la ley. Algunas clínicas privadas han cometido abusos económicos, cargando unas tarifas desorbitadas y haciéndose con una clientela en todo el mundo para sus servicios de aborto. Este ejemplo de motivación lucrativa ha hecho que muchos llegaran a sugerir que tan sólo deberían utilizarse los hospitales de la Seguridad Social. A otros les preocupa que el límite de veintiocho semanas está desfasado con respecto a los avances modernos en cuidado neonatal. Algunos han defendido la rebaja del límite hasta las veinticuatro o las veinte semanas, acercando ese límite al tiempo de viabilidad del feto. Otros han argumentado que no debería haber ningún tipo de límite, y que los abortos deberían poderse realizar en cualquier momento durante el embarazo.

Ha habido una amplia preocupación por la forma en que se ha interpretado la ley, especialmente en lo referido a las causas sociales y psicológicas para abortar. Algunos creen que una interpretación demasiado liberal de estas condiciones ha conducido virtualmente a una situación de aborto libre. Frecuentemente las razones para abortar son triviales; sin embargo, los abortos no son difíciles de conseguir. Otros creen que uno de los problemas más importantes es la falta de tiempo para asesorar convenientemente a la mujer. Con el personal sanitario trabajando bajo una gran presión en clínicas con trabajo hasta los topes, no resulta sorprendente que no haya suficiente tiempo para discutir la solicitud de aborto de la mujer. Puede que no se consideren plenamente las alternativas y que no se le dé a la mujer el apoyo suficiente para sobrellevar el peso de su decisión, cualquiera que sea ésta.

Ambos bandos a menudo utilizan el ejemplo de otros países en el debate sobre el aborto, pero puede que esto no sea de mucha ayuda, ya que los ejemplos y las situaciones nunca son exactamente las mismas, y las reconvenciones de unos y otros se anulan mutuamente. Muchos activistas, de uno y otro lado, intentan influir sobre los parlamentarios y sobre la opinión pública. Todos realizan enérgicas campañas de prensa y publicidad, además de reuniones públicas.

Esto viene a demostrar claramente que la ley es considerada como un reflejo del estado de ánimo y de la moralidad del país en su conjunto. Si ese estado de ánimo puede ser cambiado, entonces la ley puede verse afectada. Una vez más, el papel de los valores éticos y religiosos es fundamental. Es debido a que la gente percibe el aborto de una manera particular, que está dispuesta a trabajar my duro para cambiar la presente situación y ajustarla a su ideal. Los procesos democráticos de Occidente permiten tales debates, pero también aseguran que el punto de visto mayoritario, tanto si es el del Parlamento como si se trata del de la opinión pública, acabará imponiéndose. Si la ley ha de cambiar, hay que conseguir la opinión mayoritaria.

(g) El padre

Con demasiada facilidad se ignora el papel del padre en el tema del aborto. A pesar de ello su función en las circunstancias puede ser vital. Puede tratarse de un violador, de un menor o de alguien con fuertes convicciones anti-abortistas. Es alguien que comparte la responsabilidad por la vida del feto y debería tener un lugar en cualquier decisión final. Es más que seguro que se verá afectado directamente por el embarazo y por la decisión de interrumpirlo o de seguir adelante. Si se interrumpe, su relación con la madre será fundamental. Si sigue adelante, especialmente si existe alguna posibilidad de minusvalía, jugará un papel clave en el hogar. Su propio estado físico y psicológico es importante. Su escala de valores y creencias éticos y religiosos puede afectar radicalmente la decisión que se tome finalmente. Él tiene algunos derechos en esa situación, aunque, como hemos visto, existen límites a esos derechos. Cualquiera que sea la decisión que se tome, él será una figura clave en el apoyo de la madre.

(h) Valores éticos

Ya está claro a estas alturas que el tema del aborto se debate acaloradamente entre posturas éticas abiertamente enfrentadas. Para el cristiano que toma decisiones éticas, el paso más importante es hacer la lista de los principios de importancia básica. Pero tales decisiones deben tomarse siendo conscientes de los puntos de vista éticos alternativos. Los temas sobre los que hay divergencias éticas son el valor de la vida, la naturaleza de una persona y la correcta expresión de la sexualidad. Para el antiabortista, del que la posición católico-romana es un ejemplo típico, la vida es sagrada y debe ser preservada a toda costa; el feto es una persona desde los primeros instantes de vida. Es frecuente que estas opi- niones vayan acompañadas de una actitud estricta hacia las relaciones sexuales, sosteniendo que éstas solamente son adecuadas en el marco de la relación matrimonial, y que deberían estar orientadas a la procreación. En el extremo opuesto, el de los pro-abortistas, podríamos tomar como ejemplo a las feministas del Movimiento para la Liberación de la Mujer. Ellas argumentan que el feto no es una persona y que no es significativo en comparación con los derechos de la madre. La vida, en forma de feto, no es sagrada y no necesita ser preservada, especialmente si existe algún costo negativo para la mujer que lleva el feto en su seno. La sexualidad y la expresión sexual son interpretadas como algo de libre disposición para las mujeres, en base al placer y no tienen que estar relacionadas con el aspecto procreador, a menos que éste sea el propósito específico de la mujer.

Hay varias posiciones intermedias, que intentan argumentar que la vida tiene una gran importancia ética, pero también que las circunstancias del embarazo y las probables consecuencias del mismo pueden requerir respuestas compasivas. En tales situaciones la interrupción del embarazo debe ser permitida. Estas situaciones deberían ser excepcionales, y tales excepciones nunca deberían convertirse en la norma. De alguna forma este razonamiento sostiene que la vida importa, que el feto es una personal en potencial, más que de hecho, y que por lo tanto el aborto puede ser el menor de los males. Incluso con una "elevada" doctrina de la sexualidad, esta especie de vía media reconocería la fragilidad y falibilidad de los seres humanos, y permitiría el aborto en casos en los que ha habido abuso sexual, o en los que las consecuencias de tales actividades sexuales serían dañinas para los implicados.

Aquí cabe señalar que la postura que podríamos catalogar de línea dura no tiene que ser necesariamente rígida a la hora de rechazar el aborto. Existe un argumento ético denominado la Ley del Doble Efecto. Según ella, uno es responsable por los resultados propuestos de su acción, y no por cualquier consecuencia que pudiera derivarse de esa acción, siempre y cuando esas consecuencias no estuvieran en su intención. Por tanto, un cirujano puede operar a una mujer embarazada. Su intención es salvar la vida de la mujer. No tiene intención alguna de dañar el feto. Sin embargo, como resultado de su acción, se produce la muerte del feto como una consecuencia involuntaria. Estrictamente hablando, el médico no es responsable de tal consecuencia, ya que de haber sido posible salvar la vida de la madre de alguna otra manera, lo hubiera hecho. Por desgracia, es extremadamente difícil tener una completa seguridad en el terreno de las intenciones. Normalmente dependemos de lo que otros nos dicen que tienen intención de hacer, y del hecho de que intentan hacerlo. Así, no existen unas pruebas objetivas claras que nos permitan estar seguros de las intenciones de otra persona.

Distintas posturas éticas conducen a diferentes conclusiones éticas y prácticas. Existen pocas dudas de que la ética es importante en el tema del aborto. De hecho, algunos dirían que el tema ético real no es el aborto en sí mismo, sino las condiciones que llevan a la necesidad de abortar y de solicitar un aborto. En cierto sentido, cada aborto es una confesión de fracaso, individual o social. Se requiere educación moral en el campo de la sexualidad, unas relaciones personales correctas y un comportamiento responsable. Estos temas éticos son tan fundamentales como aquellos que tienen que ver con el valor de la vida y la naturaleza de la persona. Estudiaremos más a fondo cómo tratamos con posturas éticas alternativas cuando veamos los puntos de vista de otras personas (PVOP).

Ya que la ética es crucial en el tema del aborto, es preciso tenerlo claro. ¿Cuáles son los puntos de vista éticos que sostienen aquellos que están implicados en la situación? Así pues, necesitamos investigar los valores éticos de la madre, del padre, del personal sanitario, de la ley y de la opinión pública. Esto desbrozará el terreno, aunque por sí solo no nos permitirá decidir un orden de prioridades entre los distintos valores.

(i) Las presiones familiares

Tanto para la mujer soltera como para la mujer casada que considera la posibilidad de abortar, es posible que haya una presión considerable de parte de padres y familiares. Puede que tengan profundas convicciones éticas y religiosas, y otras convicciones, tan profundas como las anteriores, con respecto al bienestar y futuro de la propia mujer. No es infrecuente que aquellos que en teoría se oponen frontalmente al aborto lo soliciten insistentemente para su propia hija si las circunstancias son difíciles. Esta presión es tan sutil o tan descarada como cualquier tipo de relación humana. Nuestra capacidad de engatusar, persuadir o forzarnos unos a otros parece casi ilimitada. La mujer embarazada puede ser el blanco de todas estas múltiples presiones, y eso hace aún más angustioso y difícil llegar a una conclusión, sobre todo si ella siente que la decisión debería ser la suya propia.

De forma similar, el padre del niño y, en el caso de un matrimonio, los hijos que tengan, pueden presionar a la mujer. Una vez más, puede que no sea una presión declarada, verbal, sino la propia preocupación de la mujer por el bienestar de ellos o porque se produzca un cambio en su conducta. Puede que las posibles consecuencias para una familia, y más aún si el niño que viene de camino no ha sido buscado y deseado, parezcan desastrosas. Debemos decir "puede que parezcan", porque es extremadamente difícil prever con exactitud cuál será el resultado en realidad. El optimista enfatizará la capacidad humana para enfrentarse a las circunstancias y vencerlas, sin importar la dificultad. El pesimista hará comentarios negativos sobre el colapso, la locura y el desastre. Lo que está claro es que en un momento en el que la mujer es vulnerable, va a estar sujeta a tremendas presiones que pueden estar en conflicto. Puede suceder que el apoyo que se le ofrece, si acaso recibe alguno, dependa de que llegue a la conclusión adecuada, es decir, de que coincida con el punto de vista de la familia. Las madres solteras han encontrado este tipo de presión enormemente difícil de soportar, especialmente si desean tener sus bebés. Hay varias organizaciones que intentan ayudar en estas circunstancias, pero resulta duro, principalmente para la madre menor de edad.

(j) La opinión pública

Si bien es difícil ser precisos en cuanto al estado de la opinión pública con respecto a cualquier tema (ver las fluctuaciones en las encuestas de opinión), está claro que ha habido un cambio espectacular en las actitudes hacia el aborto. Ha pasado de ser un crimen, algo que no se podía mencionar en una sociedad educada, a formar parte habitual de muchas vidas. La Campaña Nacional del Aborto registra que "siguiendo la tendencia actual, al menos una de cada cuatro mujeres británicas sufrirá cuando menos un aborto en el transcurso de su vida" (Enero de 1980, nota de prensa de la CNA). No hay duda de que la proporción de abortos ha aumentado desde 1967, y de que muchos fetos, que habrían sobrevivido si no hubiera cambiado la ley, han muerto.

En la búsqueda de la opinión pública sobre un determinado tema resulta difícil saber dónde empezar y dónde terminar. La existencia de grupos de presión pone de manifiesto tanto el apoyo de la opinión pública como la necesidad obvia de convencer a los no convencidos. No habría notas de prensa ni campañas publicitarias si la opinión pública fuera unánime. Fijarnos en la ley y el Parlamento puede que no nos proporcione una imagen concluyente de la opinión pública, ya que es evidente que la "madre de los parlamentos" no sintoniza con el sentir popular en muchos asuntos, como por ejemplo la pena de muerte o la Unión Europea, así que podría suceder lo mismo en cuanto al aborto. Además, los mismos parlamentarios están divididos en lo que se refiere a la dirección y el grado de cambio necesario en las leyes del aborto. Aquí resulta complicado saber si a la hora de realizar cambios en la legislación el Parlamento sigue la línea de la opinión pública o crea esa opinión pública. Esto hace que el trabajo de los grupos de presión tenga mayor importancia.

Lo mismo sucede con los medios de comunicación. Obviamente en un sentido es verdad que los medios crean estados de opinión y favorecen determinadas causas. Algunos dirían que esto no es más que un caso de darle a la gente lo que quieren oír y creer. Otros adoptarían una postura mucho más siniestra ante las actividades de prensa, radio y televisión. Las variaciones regionales y locales no hacen más que añadir confusión. Tradicionalmente los escoceses y los irlandeses son más serios en asuntos éticos que los ingleses, y la ley (por ejemplo sobre la homosexualidad) ha tendido a reflejar ese conservadurismo.

Al discutir la posibilidad de practicar un aborto, la opinión pública puede ser algo muy significativo para la mujer, su familia y amigos, y para el personal sanitario. Esa importancia puede derivar en un apacible consentimiento o en una resuelta determinación de nadar contra corriente. En todo caso es fundamental que aquellos implicados sean conscientes de la corriente de opinión pública y de las posibles consecuencias de una acción que no se ajuste al estilo general.

(k) Creencias religiosas (P.I.B.)

Los detalles de las principales posturas cristianas ante el aborto serán examinadas bajo el epígrafe de los Principios de importancia básica. Lo importante es el hecho de que la gente tiene creencias y valores religiosos que afectan sus actitudes frente al aborto. Creencias religiosas acerca de la santidad de la vida, la naturaleza de la persona, la adecuada expresión de la sexualidad, la compasión, la misericordia y el perdón. Todas ellas juegan un papel fundamental en el debate sobre el aborto. Es importante clarificar el contenido de las propias creencias de la mujer, las del padre y las del personal sanitario. Para el cristiano implicado en la discusión sobre el tema del aborto, tanto en el plano teórico como en el contexto pastoral, resulta esencial examinar el contenido de sus propias creencias religiosas. Esto implica conocer lo que enseña la Iglesia y lo que dice la Escritura, así como discernir la práctica real de los cristianos en relación con el aborto. Esta breve lista da a entender que bien puede abrirse una brecha entre la teoría y la práctica. Puede que ocurra lo mismo en el caso de aquellos implicados en un aborto.

Esta brecha crea problemas para los que se dedican a la consejería. ¿Debemos pedirle a la gente que sea coherente? ¿Debe esa coherencia ajustarse a nuestras normas éticas y religiosas o a las suyas? Son frecuentes los sentimientos de culpa y desasosiego cuando se rompen las normas religiosas y se hace aquello que se percibe como malo. ¿Cómo debería aliviarse esa culpa, si es que debiera ser aliviada? Esto plantea la cuestión acerca de cuál es el grado de orientación que resulta apropiado dar en la consejería pastoral (u) (página 151), y, asimismo, el grado oportuno de implicación. Si la Iglesia proclama una férrea línea antiabortista, entonces es fundamental que la Iglesia asuma la responsabilidad por las consecuencias que acarrea esa decisión, en términos del cuidado de la madre y el niño, tanto a corto como a largo plazo. Hacer público cualquier tipo de principios requiere coherencia a la hora de vivir de acuerdo con los mismos y de afrontar las consecuencias de tales principios.

No obstante, incluso si tenemos claro como cristianos cuáles son nuestros principios, puede que nos veamos confrontados por la fuerza de las circunstancias que afectan nuestra decisión. Es posible que la madre no sienta lo mismo que nosotros. Puede que decida de manera diferente. Esto crea problemas de principio a fin. El médico de cabecera que se niega a tener nada que ver con abortos puede tener una paciente que no comparta su perspectiva religiosa. ¿Hasta qué punto puede el facultativo imponer su ética sobre el paciente y ponerle las cosas difíciles para tener acceso a un aborto? Por otro lado, puede ocurrir que el médico que practica abortos regularmente, al encontrarse con una mujer embarazada, profundamente religiosa y sumida en la confusión, le aconseje abortar, sin ser consciente de su inquietud o de las posibles consecuencias de su acción.

Mientras que parece perfectamente apropiado hacer campaña y proponer cambios en la ley y en la opinión pública, no nos sentimos cómodos con la idea de imponer nuestros principios éticos sobre aquellos que son vulnerables. Al mismo tiempo, si nuestras creencias religiosas son verdaderas tenemos la responsabilidad de proclamar estos principios religiosos y defenderlos enérgicamente. A pesar de ello, y en última instancia, debemos dejarle a la gente la libertad de rechazar nuestros puntos de vista. Cuando esta línea argumental se topa con problemas es cuando el rechazo de unas determinadas posturas éticas y religiosas causa un daño inaceptable a otros y, de hecho, a la propia persona. Así pues, volvemos a los problemas de la santidad de la vida, la naturaleza de una persona y la libertad de los individuos para tomar sus propias decisiones.

(l) Expresión sexual

Al abordar el tema del aborto son muy significativas las condiciones bajo las cuales se ha producido el embarazo. Puede tratarse de una situación de violación, incesto o relaciones con menores. Normalmente, tal y como está la ley, estas serían razones suficientes para abortar, caso de solicitarlo. Al antiabortista le inquieta que exista esta carta blanca sin investigar cuidadosamente los instintos maternal y femenino que pueden entrar en juego y hacerse realidad, incluso en esas insólitas circunstancias.

Deberían ofrecerse alternativas, sin descartar la posibilidad de dar al niño en adopción o la de ofrecer apoyo directo a la madre y al niño si la madre lo desea.

La situación que se da con una madre soltera es más difícil. Algunos opinan que el aborto es una manera fácil de evitar las consecuencias de las propias acciones, y que por tanto debería ser difícil de conseguir. Tras esta opinión se encuentra un considerable desasosiego provocado por la dudosa moralidad de mantener relaciones sexuales fuera del matrimonio. Se dice que el aborto es utilizado como un anticonceptivo de última hora. Lo mismo podría pasarle a una mujer casada que se encuentra en estado y se ve incapaz de soportar la idea de tener un niño en las presentes circunstancias de su vida. Es aquí donde la atención se dirige a las condiciones que limitan las leyes del aborto, especialmente en los supuestos social y psicológico.

Para algunas personas, la manera y circunstancias en que se ha producido la concepción son irrelevantes para la situación actual. Hay un feto que debe ser considerado. Por contra, la propia libertad de la mujer puede estar en peligro. Así, incluso si se ignoran las circunstancias sexuales, no se alcanzará necesariamente un acuerdo en cuanto a la corrección del aborto. No obstante, para muchos las circunstancias sexuales son vitales, ya que pueden ser constitutivas de delito. En esas circunstancias no se le debería pedir al inocente que sufriera, aunque esto todavía deja a un lado el problema del feto inocente. Solamente los más extremistas dirían que el feto es irrelevante en las decisiones sobre el aborto. Para la mayoría de personas los motivos intrascendentes para abortar no son aceptables, y es probable que esto siga siendo así en una cultura en la que se le da una gran importancia al tener y criar niños.

(m) La economía

Cualquier paseo por el centro comercial de cualquier ciudad pronto pone de manifiesto la dimensión económica de tener, vestir y alimentar a un niño. Sin embargo, en las situaciones de aborto los factores económicos son más complejos que el coste mismo de tener el bebé y la consideración de si se puede o no afrontar ese coste. Las prestaciones que dan el Gobierno y la

Seguridad Social hacen que la maternidad en Gran Bretaña no sea tan cara como en muchos otros países. Los problemas económicos tienden a centrarse mucho más en la madre. Es posible que ella ya tenga un empleo. Seguir adelante con el embarazo significa no sólo un freno a su carrera y a su salario, sino quizás una interrupción más permanente. Últimamente la legislación ha intentado preservar los puestos trabajos en caso de maternidad, pero hay muchas formas de sortear las leyes y muchas presiones en un momento con un alto índice de paro. Si el embarazo continúa, la situación económica de la mujer y de su marido y familia puede verse afectada negativamente a largo plazo. Este puede ser un factor determinante en lo que puede que ya sean circunstancias económicas difíciles. Puede que el de la mujer sea el único jornal que entra en la casa, o el más importante. Incluso cuando sus ingresos son realmente un sobresueldo, éste puede haberse convertido en una necesidad para llegar a fin de mes, o para mantener el estilo de vida que la familia ha adoptado.

Relacionado con los aspectos económicos está el tema de las expectativas profesionales. Con la alta tasa de desempleo y la historia de discriminación laboral en contra de las mujeres, existe el fundado temor de que una interrupción de la carrera profesional pueda resultar fatal, o cuando menos suponga un serio impedimento para las expectativas de promoción a largo plazo. Estos efectos sobre la mujer puede que se vean reflejados en menor medida en la situación del padre. Puede que los gastos extra parezcan excesivos como para considerar esa posibilidad.

Parte del dilema que supone contemplar el tema del aborto más allá del terreno estrictamente personal, es que abre la caja de Pandora de los problemas sociales e internacionales. Dada la situación de recesión económica en todo el mundo y la política de recortes adoptada por el gobierno británico, el coste de los servicios de aborto y de las unidades de maternidad debe ser analizado minuciosamente. Si hay que recortar los gastos de la sanidad pública, ¿deberían estos recortes aplicarse a los servicios de aborto o a los de maternidad y fertilidad? ¿Es recomendable gastar grandes sumas de recursos económicos y humanos en la interrupción de los embarazos o en el apoyo a los mismos? A nivel más general, los problemas de la superpoblación y la escasez de alimentos plantea la cuestión no sólo de los anticonceptivos, sino también del uso del aborto como paliativo para aliviar estos problemas. En concreto, Singapur ha iniciado un programa de control de la población en el que el aborto juega un papel destacado. La dificultad estriba en que es complicado legislar la práctica mundial y al propio tiempo tener en cuenta las distintas circunstancias de Calcuta y Coventry (Inglaterra). Es discutible si resulta correcto utilizar técnicas abortivas de esta manera, pero está claro que los factores económicos, tanto personales como nacionales, son importantes.

(n) Los prejuicios y las emociones

El aborto es un asunto cargado de emotividad. Levanta fuertes sentimientos en todas las partes. Estos sentimientos dificultan el debate y los argumentos racionales, ya que cuando sentimos algo con tanta fuerza sobre un asunto, tendemos a no escuchar y a exagerar nuestro caso. El aborto desde luego se presta a recibir un tratamiento emotivo, puesto que tiene que ver con el crecimiento y desarrollo de un niño, las consecuencias de una íntima expresión sexual, y los sentimientos más básicos de feminidad y maternidad. El tratamiento de los temas relacionados con el aborto pueden convertirse fácilmente en propaganda y estar concebido para despertar emociones. Incluso el lenguaje que utilizamos para describir el aborto está cargado de sentimientos. Un aborto puede ser tanto una "evacuación del útero" como un "legrado para echar al bebé". Puede ser un "simple tratamiento quirúrgico" o un "asesinato".

Si los sentimientos están a flor de piel entre aquellos que debaten sobre el aborto, todavía lo están más entre los que protagonizan el problema. Naturalmente, la mujer está sujeta a todo un maremágnum de emociones y respuestas, como mujer embarazada que está considerando el aborto y que se encuentra bajo atención y discusión médicas. Los sentimientos del padre pueden ir desde la euforia al terror, o la indiferencia. El personal sanitario también estará sujeto a presiones emocionales. Tratar continuamente con "evacuaciones" y con aquellos que están considerando esa operación debe de impactarles. Estos factores emocionales son importantes, ya que pueden resultar muy confusos o provocar confusión. Pueden estar en línea o contrastar con los valores éticos y religiosos, e impedir ver con claridad los temas que abarca.

Es muy fácil que en tales circunstancias aparezcan los prejuicios. Una errónea información, los cuentos de viejas y la ignorancia avivan el fuego del prejuicio, y los errores muy extendidos son difíciles de corregir. El aborto, tanto personal como teóricamente es un campo de minas emocional. Los que se adentran en la discusión deben ser conscientes de sus propias respuestas emocionales, así como de las de aquellos que están implicados en la situación. El grado en que la decisión final se verá afectada por estos factores emocionales dependerá del punto de vista ético y religioso particular que se sostenga.

(o) La actitud de los médicos

La profesión médica es sólo eso, una profesión. Tiene sus propias normas y expectativas en el campo de la ética, además de estar sujeta a limitaciones de índole legal. Como profesión, la historia de la participación médica en el aborto ha estado marcada por una doble preocupación: proteger al médico ante la ley y hacer siempre lo mejor en favor de las pacientes. El objetivo primordial de un médico es salvar vidas. Por tanto se produce muy poco conflicto cuando la vida de la madre corre peligro. No obstante, esta situación se da muy pocas veces. Al médico le preocupa el bienestar y la salud de sus pacientes y por lo tanto, cuando se enfrenta a una solicitud de aborto, debe considerar todas las consecuencias posibles.

Hay dos decisiones principales que debe tomar. La primera es de carácter médico. ¿Cuál es el mejor tratamiento posible en este caso? La segunda es de tipo legal. ¿Qué permite o que prohíbe la ley en estas circunstancias? Obviamente muchos doctores añadirán la dimensión de sus propias conciencias e integridad. ¿Soy capaz de participar personalmente en este aborto? Si la postura ética del médico le hace responder de forma negativa puede apelar a la "cláusula de conciencia" prevista en la Ley del Aborto (1967). En teoría eso está muy bien; en la práctica es mucho más complejo. En un departamento con mucho ajetreo, con colegas trabajando bajo una gran presión, el médico, los más jóvenes especialmente, puede pensar que es una deslealtad rechazar su cuota de trabajo en tales casos.

De hecho, algunos dirían que un médico católico haría bien en evitar totalmente las especialidades de obstetricia y de ginecología. Los lugares en los que el aborto es común resultan extremadamente duros para los médicos cuya conciencia cuestiona la moralidad de un aborto. Para algunos médicos, estos puntos éticos tan sutiles no son lo esencial del asunto. Como médicos, su principal preocupación es hacer lo que más convenga a sus pacientes. Esto resulta un tanto ambiguo, ya que en cierto sentido el feto también está bajo el cuidado del médico, y no sólo la mujer. Como tocólogo, el médico se esforzará por preservar la vida del feto. Como ginecólogo practicando un aborto, el médico eliminará la vida fetal.

Los médicos estaban de acuerdo en la necesidad de algún tipo de ley que regulara el aborto. Ellos tuvieron un papel destacado en su redacción. Ahora muchos opinan que la ley necesita una adaptación (f), en especial a la luz de los avances en las técnicas de cuidado neonatal. Esto implicaría una pequeña rebaja en los plazos para practicar abortos, aunque dependería de pruebas de detección precoz del embarazo y de posibles malformaciones. A otros les preocupan los rumores de abusos económicos y les gustaría ver un control más férreo sobre las clínicas privadas.

No obstante, para el médico el dilema frecuentemente se convierte no tanto en una cuestión de ley o de habilidad médica, cuanto en cómo responder a la solicitud de aborto de una mujer. Si hay que evitar el aborto a la carta, entonces hay que manejar algunos criterios. El problema es que pocos médicos tienen el tiempo y la capacidad para investigar a fondo las dimensiones social y psicológica en el contexto de los horarios y ambiente habituales de las clínicas. Así pues, los médicos pueden sentirse a merced del solicitante que reclama enérgicamente un aborto, incluso cuando la justificación para tomar tal acción sea pobre. Sin embargo, la mayoría de los médicos defendería con fuerza el mantenimiento de su libertad para tener la última palabra en los casos clínicos.

(p) La actitud de las enfermeras

En el sentido profesional, el colectivo de enfermeras comparte la mayoría de las actitudes de los médicos. Además, las enfermeras piensan que las pacientes recurren a ellas mucho más para pedir consejo y ayuda, con independencia de la decisión que tomen con respecto al aborto. El tiempo que pasan con cada paciente y la oportunidad de establecer relaciones con ellos es mucho mayor en el caso de las enfermeras. Esto, naturalmente, supone una mayor tensión para la enfermera, que puede sentirse como que está para "recoger los pedazos" en aquellas situaciones en las que el aborto da lugar a la culpa y el lamento. Algunas enfermeras están preocupadas al ver que el aborto parece estar tan al alcance de aquellos que aparentemente no se encuentran en ninguno de los supuestos permitidos por la ley. Algunas enfermeras consideran que es muy desagradable ayudar en la extracción del feto abortado y deshacerse posteriormente de él. La enfermera se halla en una difícil situación, ya que es responsable ante el médico, que es quien atiende a la paciente, y sin embargo ella trata más directamente con la paciente. En general, la actitud de las enfermeras frente al aborto es cauta y conservadora, y están preocupadas por si acaso la reputación profesional de preservar y cuidar la vida se vea negativamente afectada, y que no siempre se sigan estrictamente las garantías adecuadas que establece la ley a la hora de abortar.

(q) La liberación de la mujer

Para muchas mujeres el tema del aborto ha tipificado su lucha en favor de la libertad y la integridad. Las fuerzas del Movimiento para la Liberación de la Mujer han estado y siguen estando muy activas para preservar el derecho de cada mujer a abortar si eso es lo que ella desea. Es la mujer la afectada por el embarazo y por la interrupción del mismo. Se trata de su propio cuerpo, y es libre para hacer con él lo que quiera. El caso proabortista que propuso este grupo de presión tuvo aspectos negativos y positivos. En la parte negativa, el aborto significó el fin de la dominación machista en la toma de decisiones, de los abortos clandestinos y del daño provocado por éstos a las mujeres, de las bodas forzadas por culpa de un embarazo, de los niños no deseados dentro o fuera del matrimonio, de tener que pagar por los errores y accidentes cometidos durante la práctica del sexo, de tener que sufrir más aún debido a los abusos sexuales, y de la vida con minusvalías, con el sufrimiento que eso comporta para toda la sociedad y el estrés y la presión que sufre la mujer en particular.

También hay una parte positiva. El aborto significa una vida mejor para la mujer, su familia y, en términos generales, para un mundo con una boca menos que alimentar. Los abortos espontáneos ocurren, así que los abortos clínicos son simplemente una extensión de la obra de la naturaleza. Es más seguro tener un aborto que seguir adelante con un embarazo. Si una mujer siente que su vida estará más segura si aborta, está en su derecho de hacerlo. El feto es un mero parásito sin vida personal e independiente. De hecho, las liberacionistas son muy mordaces con la doble moral de quienes objetan al aborto por motivos religiosos. La ausencia de funerales, certificados de defunción y el menor grado de pesar por la pérdida del feto parecen demostrar que la Iglesia y el estado realmente no creen en que el feto sea una persona. La protección del feto no puede utilizarse como contrapeso a los derechos de la mujer.

Estos argumentos expresados de forma tan vehemente han tenido un cierto éxito, y el reciente rechazo de la enmienda Corrie,[*] que intentaba ajustar la ley sobre el aborto, fue recibido como una victoria de las mujeres y de la causa de la liberación. Evidentemente ha habido una auténtica revolución en el papel y en la percepción del papel de las mujeres, no sólo entre las mujeres, sino en la sociedad en su conjunto. Todavía no está claro cuándo o dónde acabará este proceso de cambio. Algunos creen que la causa en favor de la liberación de la mujer ha jugado su papel y que ahora ya raya en lo fanático. Otros tienen claro que el trabajo no ha hecho más que comenzar y que es preciso efectuar cambios más radicales. El tema del aborto seguirá siendo, según propia confesión, la prueba de fuego para la liberación de la mujer. Cualquier intento de cambio que suponga un retroceso se encontrará con una oposición implacable. No obstante, esta

---

(*) Paso llevado a cabo en Inglaterra (Nota del Editor).

oposición solamente tendrá éxito si la mayoría de las mujeres apoya la causa, y si la justicia de la misma es evidente. Estas dos salvedades están siendo objeto de una acalorada polémica por parte de aquellos que se sienten incómodos con la estridencia de las feministas radicales.

(r) Definición de vida [ver d (ii) más arriba]

(s) Definición de persona [ver d (iii) más arriba]

(t) Definición y formas de aborto

Los dos bandos enfrentados en el debate sobre el aborto están de acuerdo en que la naturaleza aborta de forma espontánea la vida con malformaciones severas. Sin embargo, los comentarios sobre este tema de que "la vida ya lo hace" son muy distintos. El proabortista sostiene que el hecho de que "la naturaleza ya lo hace" nos capacita para ayudar a la naturaleza en el ambiente más seguro y con menos riesgos de un hospital. Por contra, el antiabortista argumenta que la actividad de la naturaleza en el caso de un aborto espontáneo excluye la necesidad y oportunidad de nuestra interferencia en un proceso natural. Si hay problemas severos, la naturaleza ya se encargará de ellos. Obviamente se producen muchos abortos espontáneos en las primeras etapas del embarazo, tanto es así, que muchas mujeres ni siquiera se dan cuenta de que están en estado, ya que el embrión desaparece con el flujo menstrual. Este argumento basado en lo natural se topa con problemas ante el avance en el cuidado prenatal y la forma en la que la medicina puede tanto detener como apoyar los procesos naturales desde los primeros momentos del embarazo.

El aborto terapéutico puede realizarse mediante cirugía o administrando sustancias químicas, bajo anestesia local o general. El procedimiento en sí mismo es relativamente sencillo, y la probabilidad de quedar estéril es extremadamente pequeña. Lo que es más discutible es el efecto psicológico del aborto. Son muchos los que afirman que el trauma postaborto es un efecto bastante común, y una contraindicación del aborto. Otros creen que tal tipo de traumas es poco frecuente; en cualquier caso, mucho menos que las probables complicaciones de seguir adelante con el embarazo o la misma depresión postparto. Como ya hemos visto, también hay desacuerdo en cuanto al nivel de conciencia del feto durante la realización de un aborto. Si una mujer joven puede ser juzgada por maltratar renacuajos, se dice, ¿cuánto más no debería preocuparse la ley del "dolor" del feto? Es preciso ejercer mucho control a la hora de entrar en tales polémicas. Es interesante notar que algunos moralistas sienten desazón acerca del uso del dispositivo intrauterino (D.I.U.), basándose en que es abortivo. Ciertamente su uso asegura que el óvulo fertilizado no anidará en la pared de la matriz. Si esto constituye o no una base suficiente para la objeción ética a esta forma de contracepción depende de cuándo creemos que empieza la vida humana.

(u) Mi propia implicación

Al considerar el tema del aborto es importante conocer si se trata de un ejercicio académico, de una preparación ante posibles problemas o de una respuesta a un problema pastoral concreto. En todos estos casos resulta vital que uno tenga claro su papel y obligaciones en la situación. Evidentemente uno debe saber lo que cree. Hay que ser consciente de las propias reacciones emocionales y prejuicios, y tenerlos en cuenta. Uno debe preguntarse cuál es su propósito y su meta en la situación particular. Para muchos cristianos el probable papel que les tocará es el de consejeros. Este papel se interpreta de dos formas. La primera es el estilo no directivo. El propósito es aclarar las cosas y ayudar a aquellos directamente implicados en la situación para que la entienden y se comprendan a sí mismos, de modo que puedan llegar a una decisión, siendo plenamente conscientes de las posibles consecuencias y comprometiéndose con su decisión. El modelo alternativo es la orientación directiva. A diferencia del anterior, en este la preocupación se centra en capacitar a los implicados para que comprendan las realidades prácticas y éticas de la situación y para que hagan lo correcto, ofreciéndoles apoyo en esa decisión. Como es natural, habrá diferentes puntos de vista sobre lo que es correcto, incluso entre cristianos, y esto puede ser un poco confuso para las personas implicadas si buscan consejo en distintos lugares. El tema fundamental es la libertad del individuo para tomar su propia decisión. El grado de presión que aplique el consejero puede dar como resultado distintos niveles de culpa y desasosiego una vez que la situación haya sido resuelta. Así pues, el consejero necesita tener claro qué es lo que cree, cómo debería orientar y también cuáles son las probables consecuencias de su consejo.

(v) Consecuencias c(ii); d(vii); g; m

Ya hemos cubierto gran parte del terreno comprendido en este epígrafe. Las consecuencias importan, pero no son totalmente predecibles y deben equilibrarse con los motivos y las intenciones (ver Utilitarismo, páginas 48-50). Tanto si se realiza un aborto como si no, habrá consecuencias. Para el feto significará la vida o la muerte. Puede significar ser un hijo ilegítimo, un bebé no deseado, un discapacitado profundo, o bien ninguna de estas cosas. Para la madre puede significar un trauma postaborto, la liberación de la ansiedad, soportar todos los rigores y gozos del embarazo, cambios en las relaciones económicas, sociales y personales, o ninguna de estas cosas. El padre se verá igualmente afectado (g) lo mismo que otros miembros de la familia. El personal médico y sanitario puede verse afectado individualmente o como colectivo, llegándose a percibir un cambio en su papel dentro de la sociedad. Los futuros padres adoptivos se verán afectados, aunque uno debe poner en duda que sea ético «producir» niños para darlos en adopción. Resulta enormemente difícil ser categóricos en cuanto a estas consecuencias; tanto como valorar dos ataques concretos que se le hacen al aborto en base a las consecuencias que provoca.

El primero de estos ataques se basa en que al realizar abortos se nos priva de grandes hombres y mujeres. No está claro cómo podemos conocer la grandeza que nunca llegará a florecer. El otro ataque es el del argumento cuña. Se dirige contra el aborto porque considera que éste nos conducirá a una actitud más laxa hacia la santidad de la vida. Los abortos de fetos no deseados que se practican en el día de hoy pueden llevarnos en el futuro a la eliminación de personas normales y saludables por motivos raciales, sociales o políticos. Llegados a este punto se produce un salto injustificado en la argumentación que hay que probar.

Puede que sea posible probarlo, pero en cualquier caso son quienes aducen este tipo de argumentos los que deben aportar las pruebas. Las consecuencias importan, pero algunas son más seguras que otras, y son ésas las que deberían centrar nuestra atención.

(w) ¿Quién escoge? a(i)(v); f; g; n; o; p; u

Al llegar al final de nuestra lista de temas relevantes, notamos la interrelación de muchos de los temas y de las categorías. Hemos examinado las afirmaciones de que es la mujer quien debe decidir, el padre, el médico, el consejero o la familia y los parientes. Hemos visto la necesidad que existe de defender los intereses del feto. Por fin, hay que tomar una decisión. El punto que se discute realmente se halla entre el médico y la mujer, caso de existir conflicto. A todos nos agrada cuando otros toman decisiones que coinciden con nuestros puntos de vista. No nos agrada tanto cuando sus decisiones difieren de las nuestras. Inevitablemente la profesión médica reclamará tener en sus manos la última palabra, aunque esto continúe estando sujeto a la ley y al examen profesional. Otros dirán que sólo la propia mujer tiene un derecho absoluto a tomar tal decisión. Otros más opinarán que los criterios de verdad moral y religiosa deberían ser la base para toda decisión, con independencia de quien la tome finalmente.

Esto nos lleva al quid del problema para el cristiano. Dada la masiva cantidad de información que es importante tener en cuenta para tomar decisiones éticas, ¿cómo podemos decidir entre diferentes posturas o énfasis éticos? Esto hace que debamos prestar atención a los primeros principios importantes que el cristiano sostiene. Hacer esto puede significar, en primer lugar, descubrir cuáles son en verdad sus principios éticos y establecer algún orden de prioridad para esos principios.

2. Los principios de importancia básica

¿Cuáles son los principios que el cristiano suele utilizar cuando trata el tema del aborto? A la luz de estos principios, ¿qué orden de prioridades se establecerá en el proceso de tomar una decisión?

(a) ¿Tiene la Escritura alguna enseñanza o principios específicos que sean relevantes para este caso en concreto?

(i) *Creación*

¿Se pueden extraer algunos principios concretos a partir de estas fuentes?

1. *Ley Natural:*

Cuando el cristiano examina la ley natural, ve con claridad que el diseño de la naturaleza es que las mujeres están naturalmente equipadas para tener niños, tanto por su constitución física como psicológica, y que las relaciones sexuales están diseñadas como un medio para la procreación. Así pues, es natural que el acto sexual desemboque en la concepción, y que la mujer esté embarazada y dé a luz a los niños. También es natural que en algunos casos de minusvalía severa se produzcan abortos espontáneos. No obstante, que la ley natural funcione de esta manera no es la única ni la última palabra al respecto. Si bien es natural que las mujeres tengan niños, el período de fertilidad de sus vidas es extremadamente limitado, tanto en el número total de años como en el de días fértiles dentro del ciclo menstrual de cada mes. Esto significa, inevitablemente, que muchas veces el acto sexual no tiene posibilidades de procreación. A pesar de estas salvedades, sería difícil negar que el embarazo y la maternidad son algo natural para la mujer.

Igualmente, que ocurran abortos espontáneos es un argumento de doble filo. Como hemos visto esto puede usarse como base para rechazar un aborto, y también para justificar que se empleen técnicas abortivas en la seguridad de los ambientes esterilizados. Así que los hechos de la naturaleza todavía requieren una aplicación basada en alguna otra consideración ética En sí mismos no apuntan necesariamente a un rechazo total del aborto, si bien es cierto que tienden a apoyar la postura antiabortista.

2. *El hombre hecho a imagen de Dios:*

Dios creó a los hombres y a las mujeres a su imagen. Se le describe insuflando su vida a la humanidad. El hombre es creado con una dimensión espiritual, para que disfrute de la comunión con Dios. El hombre y la mujer son parte del propósito eterno de Dios. Ya que estamos hechos a imagen de Dios, nuestra vida humana debe ser reverenciada. No hay duda de ello en el caso de aquellos que son capaces de cumplir esa relación. El caso del feto es más difícil. ¿En qué punto comienza el feto a reflejar esa imagen de Dios?

La tradición ha tendido a afirmar que desde el principio mismo de la vida humana la imagen de Dios está presente. Si por el contrario, el contenido de la imagen de Dios es la capacidad espiritual y la posibilidad de tener una relación con Dios, entonces es evidente que lo más que se puede decir es que el feto tiene el potencial para tales capacidades, pero que no las ha llevado a término de manera completa.

3. *Conciencia:*

El llamamiento a la conciencia cristiana se suele asociar con la ley natural. Si mantenemos una íntima relación con Dios, deberíamos ser capaces de discernir su voluntad tomando como referencia nuestras conciencias. El papel tradicional de la conciencia ha sido que la vida se percibe como sagrada y que debe ser preservada casi a cualquier precio. Ciertamente la conciencia cristiana debe sentir desazón ante cualquier intento deliberado de tomar la vida de alguien. Esta opinión se basa en la certeza intuitiva. La dificultad estriba en que actualmente muchos médicos y enfermeras cristianos creen que sus conciencias no les permitirán ver sufrimiento de parte de la mujer, y esto no sólo en casos de riesgo para la vida y delito sexual, sino también en ciertos contextos psicológicos y sociales. Se apela a la compasión y a la misericordia como razones para una participación consciente en los abortos. Al propio tiempo esos cristianos confesarían que existe un sentido real de culpa y un conocimiento de la conciencia en la destrucción de la vida. Si fuera posible actuar de alguna otra forma y preservar el bienestar de la madre sin la pérdida de la vida del feto, se haría con mucho gusto. Esta lucha de la conciencia es el mayor obstáculo a la hora de querer utilizar únicamente la conciencia como corte de apelación ante la decisión de abortar.

4. *Mandatos fundacionales:*

Está claro, a partir de los relatos de la creación, que el hombre no sólo fue hecho a imagen de Dios, sino que fue creado como administrador de la vida, para vivir en armonía con sus congéneres. Así que se entiende que Dios está por la preservación y el cuidado de la vida, y en contra de la destrucción de la vida humana. Esto, por descontado, nos lleva de nuevo a la cuestión de la condición humana de la vida fetal. No obstante, allá donde hay vida el deber primario del hombre es el de actuar como mayordomo y mantener su mayordomía de forma responsable ante Dios.

5. *La Caída:*

El relato de la caída no deja lugar a dudas en cuanto a la realidad del pecado humano. El pecado nos afecta a todos. Esto quiere decir que no sólo el mundo que habitamos es una sombra retorcida de su verdadero propósito y naturaleza, sino que también el hombre y su capacidad de juicio están impedidos. Por tanto, nuestras decisiones están sujetas a error. Las decisiones sobre el aborto pueden estar influidas por el egoísmo, el sentimentalismo, los prejuicios, el descuido e incluso la explotación. Dada la realidad del pecado, hay un sentido en el que no resulta sorprendente que los abusos de la sexualidad y las discordias en las relaciones desemboquen en situaciones en las que se considere abortar. Una conciencia de nuestro pecado hará que el cristiano sea precavido en sus opiniones y se preocupe de comprobar su motivación y su base ética. También reconocerá la responsabilidad humana por el mal y la necesidad de trabajar en favor del perdón y la renovación.

(ii) ***El Antiguo Testamento***

¿Qué principios concretos podrían extraerse de estas fuentes?

1. *Pacto y Ley:*

En la Ley hay normas estrictas para quien toma la vida de otra persona. Algunos dirían que el quinto mandamiento del Decálogo: "No matarás" (Éxodo 20:13), da una clara indicación de cuál es la actitud de Dios hacia asuntos tales como el aborto. Esto resulta difícil de mantener, ya que la situación que se contempla es la del asesinato, y no está nada claro que los motivos de aquellos que toman parte en los abortos coincidan con las intenciones asesinas propias de una mente criminal. Lo que mueve a muchos de los implicados es la compasión y la preocupación.

Sin embargo es en el siguiente capítulo en el que encontramos alguna referencia específica a la vida dentro del útero materno:

> *"Si unos hombres, en el curso de una riña, dan un golpe a una mujer encinta, y provocan el parto sin más daño, el culpable será multado conforme a lo que imponga el marido de la mujer y mediante arbitrio. Pero si resultare daño, darás vida por vida, ojo por ojo, diente por diente, mano por mano, pie por pie, quemadura por quemadura, herida por herida, cardenal por cardenal"* (Éxodo 21:22-25, BJ).

Esto demuestra que se hace alguna distinción entre el valor de la vida de la madre y la vida del feto. No implica que la vida del feto no sea significativa. La vida fetal importa y debe ser preservada. Sin embargo, la vida de la mujer tiene un valor mayor.

2. Literatura sapiencial:

En los Salmos vemos una referencia importante a la vida del feto en el contexto de una alabanza por la omnisciencia de Dios:

> *"Porque tú mis riñones has formado,*
> *me has tejido en el vientre de mi madre;*
> *yo te doy gracias por tantas maravillas:*
> *prodigio soy, prodigios son tus obras.*
>
> *Mi alma conocías cabalmente,*
> *y mis huesos no se te ocultaban,*
> *cuando era yo formado en lo secreto,*
> *tejido en las honduras de la tierra.*

Mi embrión tus ojos lo veían;
en tu libro están inscritos todos
los días que han sido señalados,
sin que aún exista uno solo de ellos"

(Salmo 139:13-16, BJ).

Es obvio que el salmista entiende que el cuidado de Dios hacia él se remonta a su vida en el seno materno, desde los primeros momentos de vida. El plan y el propósito de Dios para su vida son vistos como algo que existió incluso antes de su nacimiento. En base a esto, parece que el feto tuviera una importancia fundamental para Dios y, por consiguiente, debería tenerla para nosotros.

3. *Los Profetas:*

Este mismo sentido de trascendencia de la vida del feto se pone de manifiesto en dos de los profetas mayores cuando reflexionan acerca de sus llamamientos proféticos. Isaías, en una de los cantos del Siervo, escribe:

"Ahora, pues, dice Yahveh,
el que me plasmó desde el seno materno
para siervo suyo,
para hacer que Jacob vuelva a él,
y que Israel se le una"

(Isaías 49:5a, BJ).

Jeremías, en términos más personales, data su llamado a ser profeta de la siguiente forma:

"Entonces me fue dirigida la palabra de
Yahveh en estos términos:
Antes de haberte formado yo en el
seno materno, te conocía,
y antes que nacieses, te tenía consagrado:
yo profeta de las naciones te constituí"

(Jeremías 1:4-5, BJ).

Dios está hondamente preocupado por la vida dentro del seno materno, ya que esa vida se considera que juega una parte esencial en los propósitos de Dios.

(iii) *El Nuevo Testamento*
¿Qué principios pueden extraerse de estas fuentes?

1. *La Redención:*
Para el cristiano, la única solución ante el poder del pecado y la caída es la redención. Esto está fuera del alcance de las posibilidades humanas. Es el regalo de Dios al mundo a través de la vida, muerte y resurrección de su Hijo Jesucristo. Sin embargo, ese proceso de redención sólo comienza aquí y ahora. Su consumación espera el cumplimiento de los propósitos de Dios. La posibilidad de la redención significa que el dominio del pecado ni es total ni es definitivo. Puede traerse y aplicarse el poder de Dios a cada situación de pecado y también a sus consecuencias. No obstante, éste no es necesariamente un camino que conduzca a soluciones sencillas, ya que el camino de la redención pasa por la cruz y el sufrimiento. El cristiano está llamado a compartir el sufrimiento del mundo y a buscar la manera de aliviar los efectos del sufrimiento y el pecado. Esta es una llamada a implicarse en las complejidades de las situaciones de aborto, dándonos cuenta de que habrá sufrimiento.

2. *La ética del Reino:*
La referencia más específica que tiene que ver con el tema del aborto se encuentra en el contexto de la venida de Cristo. Cuando el ángel Gabriel visita a María, la saluda con una promesa:

> *"Vas a concebir en el seno y vas a dar a luz un hijo, a quien pondrás por nombre Jesús. Él será grande y será llamado Hijo del Altísimo, y el Señor Dios le dará el trono de David, su padre; reinará sobre la casa de Jacob por los siglos y su reino no tendrá fin"* (Lucas 1:31-33, BJ).

Es evidente que incluso antes de la concepción de Cristo, el ministerio que llevará a cabo ya está perfectamente claro y fijado. Esta misma conciencia de la importancia de Cristo como feto está reflejada en el encuentro de Elisabet (Isabel) con María:

> *"Y sucedió que, en cuanto oyó Isabel el saludo de María, saltó de gozo el niño en su seno, e Isabel quedó llena de Espíritu Santo; y exclamando con gran voz, dijo: Bendita tú entre las mujeres y bendito el fruto de tu seno; y ¿de dónde a mí que la madre de mi Señor venga a mí? Porque, apenas llegó a mis oídos la voz de tu saludo, saltó de gozo el niño en mi seno"* (Lucas 1:41-44, BJ).

Se describe a Juan en estado fetal de seis meses, respondiendo a la presencia de María y del Salvador en su seno. Como ocurre en el caso de los profetas, el feto dentro del útero juega un papel crucial en los propósitos de Dios –la salvación del mundo.

No hay referencias específicas a la vida del feto que nos sirvan de ayuda. La vida es vista en el contexto de Dios y el Nuevo Testamento se interesa más por el final de la vida que por su comienzo.

(b) ¿Tiene la tradición alguna enseñanza o principios específicos que sean relevantes para este caso en concreto?

Tradicionalmente la Iglesia ha mostrado una gran preocupación por preservar la vida. Utilizando los diversos pasajes bíblicos se ha desarrollado una sólida doctrina sobre la importancia de la vida del feto. Esto se puede ver en el clásico debate sobre la «animación». Este debate consistió en intentar definir el preciso momento en el que el feto llegaba a ser un alma viviente. Al igual que con la definición de cuándo comienza la vida humana, las diversas alternativas fueron discutidas acaloradamente (ver páginas 123 y 124). El peligro del debate tradicional era el dualismo que separaba lo material y biológico de lo espiritual. Era como si Dios viniera a añadir una dimensión espiritual a una existencia física. Ese pensamiento dualista es rechazado hoy en día y el centro de atención de la tradición pone el acento sobre la importancia de la vida del feto desde los primerísimos momentos de vida. Esa vida fetal tiene una serie de dimensiones espirituales, aunque no está claro cuáles son éstas exactamente. El ataque contra esta postura sostiene que da como resultado la imagen de un cielo con filas y filas de fetos medio formados que han sido abortados de forma espontánea o mediante técnicas médicas. Esta caricatura corre el peligro de perder de vista tanto el lenguaje metafórico del cielo como la dimensión espiritual del feto. Si existe tal dimensión, ello implica que deberíamos tratar la vida fetal con reverencia y buscar la manera de preservar lo que fue creado para tener comunión con Dios.

(c) ¿Tiene el Espíritu o la Iglesia alguna enseñanza o principios específicos que sean relevantes para este caso en concreto?

La Iglesia en su conjunto es de un solo parecer en lo que se refiere a su preocupación por el abuso del aborto y la necesidad de proteger las vidas inocentes de los fetos. No obstante, hay división entre los cristianos acerca de si resulta permisible abortar bajo alguna circunstancia. Ambos puntos de vista reclaman la validación del Espíritu como apoyo de su posición. La Iglesia Católica Romana se muestra extremadamente incómoda con la posibilidad de abortar. La vida debe ser preservada a cualquier precio, porque la vida es sagrada. Hemos visto la ley del doble efecto (ver página 137) y cómo ésta hace posible el aborto en casos muy extremos. Tales excepciones no afectan de ninguna de las maneras al punto central de la postura católica. El Espíritu está llamando a los cristianos a defender los derechos y la existencia del niño que se encuentra en la matriz, en medio de una sociedad que ha llegado a descuidar la propia vida.

En contraste con la anterior, la típica postura protestante, si bien aceptando la santidad de la vida, pondría el énfasis sobre el mundo pecaminoso en el que vivimos. Dada la realidad del pecado, debemos tomar decisiones que supongan el menor de los males. En situaciones extremas de violación, incesto, discapacidad profunda y verdadero colapso psicológico, el aborto es permisible. Las virtudes cristianas de la compasión y la misericordia deben manifestarse por el poder del Espíritu. Si esto es pecado, debemos pecar audazmente, ya que esto supone compartir el sufrimiento y la redención del mundo. Tales opiniones no son en modo alguno una garantía de derechos para el aborto libre. La vida es sagrada y debe ser preservada, pero no a cualquier precio. Debe determinarse cada caso en base a sus méritos.

Después de bosquejar los principios expresados en la Escritura, la tradición, la Iglesia y a través del Espíritu, nos queda la duda de qué hacer con ellos. En un extremo están los que creen que la distancia cultural entre la época presente y la época en la que se escribieron las Escrituras es tan grande que no podemos aplicar la enseñanza destinada a esos contextos a los problemas éticos de hoy día. Se sigue el mismo argumento con respecto a los debates tradicionales. El problema con este extremo es que desarraiga al cristianismo actual de sus raíces bíblicas e históricas. Presupone que la Iglesia hoy tomará decisiones bajo el poder del Espíritu que no tienen relación con la dirección proveniente del Espíritu a través de los siglos.

Es difícil estar seguro de que nuestras actuales percepciones sean mejores que las percepciones del pasado. No obstante, si la preocupación es asegurar que los aspectos contemporáneos de los dilemas éticos son tomados en serio, esto resulta vital. A pesar de lo cual aún es necesario remitir nuestros juicios éticos a los principios importantes primero.

Al examinar estos principios vemos con claridad que hay dos principios principales. El primero es la santidad de la vida; el segundo, el deber cristiano de ser compasivo. Al intentar decidir cuál de ellos es el primer principio es obvio que los cristianos discreparán acerca del énfasis, pero no en que ambos principios deberían ser observados. En la mayoría de los casos no habrá divergencias entre los principios y los cristianos podrán coincidir. En raras ocasiones existirá conflicto entre ambos. Es entonces cuando los cristianos deben estar firmemente convencidos en sus propias mentes, dentro del contexto de la comunidad cristiana (ver página 78 más arriba). En circunstancias tan excepcionales la pregunta es sencilla: ¿Hay que preservar la vida cueste lo que cueste?

3. Propósitos, metas y objetivos

Después de establecer nuestros principios básicos y de clarificar sus prioridades, llega el turno de preguntarnos cuáles son nuestros objetivos en la situación en que nos encontramos. Si suponemos una situación de consejería pastoral, debemos preguntarnos cuál es nuestro papel, qué es lo más aconsejable, qué es posible hacer en realidad, qué motivaciones entran en juego y cuáles serán las consecuencias de cualquier decisión que se alcance. Estos propósitos están directamente relacionados con nuestros principios prioritarios. Si buscáramos preservar la vida, miraríamos la manera de ayudar a la mujer, al padre y al personal médico a preservar esa vida. Si quisiéramos ofrecer compasión, intentaríamos tomar en cuenta las presiones de las situaciones pasadas, presentes y futuras. Hasta dónde insistamos en nuestros principios dependerá de la percepción que tengamos de nuestro papel. Si el consejo es no directivo, la meta principal será ayudar a los implicados para que tomen sus propias decisiones, siendo plenamente conscientes de los motivos y las consecuencias. Si el consejo es más directivo, veremos de defender nuestros principios tan enérgicamente como nos sea posible, sin causar daño a la integridad de aquellos implicados. Ya hemos considerado los factores de la motivación y las consecuencias.

Ahora bien, existe otra meta para el cristiano, más allá de tratar con el problema específico. Se trata de ocuparse de las condiciones que condujeron a la posibilidad y necesidad de abortar. Hay que remontarse a los fallos en las relaciones humanas y a la mala utilización de la expresión sexual. El cristiano debería tener en el punto de mira el cambiar la manera de entender la vida, las relaciones y la sexualidad que tiene la gente, de modo que así disminuyera el problema del aborto. Esto requiere tanto tratar con el pecado como un proceso de educación. La gente necesita ser educada, pero también necesita ser cambiada. Los cristianos, juntos y por separado, participarán en esta tarea, y eso puede implicar un apoyo activo a ciertos cambios legales y grupos de presión. La verdadera marca de tener una meta es buscar conseguirla. Nuestras metas se hacen evidentes en lo que hacemos y en lo que dejamos de hacer.

4. Alternativas, posibilidades, opciones

Frecuentemente, cuando se orienta a mujeres en situación de abortar, éstas manifiestan la convicción de que sólo hay una cosa que puedan hacer. Una de las tareas del consejero (con independencia de la postura ética o religiosa) es la de considerar otras posibilidades. Obviamente se puede practicar un aborto y hay que explorar las consecuencias de esa decisión. Si, por el contrario, a la mujer le inquieta la idea de abortar, existen las posibilidades de dar al niño en adopción o de tenerlo. La adopción implica llevar a término el embarazo y darle una gran alegría a aquellos que desean ser padres y no puede serlo. Esta decisión requerirá una gran ayuda durante el embarazo y después, en los días traumáticos en los que la madre se separe del bebé. Seguir adelante con el embarazo y tener el niño puede ser duro tanto para la mujer casada como para la madre soltera. Hemos visto los posibles efectos sociales, económicos, físicos y psicológicos sobre ella, sobre el niño y sobre otras personas involucradas. A pesar de ello debería ser posible escoger la vida y saber que, sea el niño sano o minusválido, se podrá contar con recursos propios y de parte de la iglesia y del gobierno. El cristiano necesita reflexionar cuidadosamente acerca de la autenticidad de estas alternativas. ¿De verdad estamos preparados para proveer estos recursos y atender esas necesidades no sólo a corto plazo? Las personas solamente considerarán otras alternativas cuando esté claro que habrá la ayuda necesaria para llevarlas a término.

5. Los puntos de vista de otras personas

Es fácil avasallar a la gente con nuestras propias opiniones. La decisión ética correcta es aquella que se toma después de haber tomado en serio a otras personas. Esto significa escuchar otros puntos de vista, e incluso sugerir tales puntos de vista a la gente que se encuentra en esa situación concreta. No se trata de confundirles, sino de intentar garantizar que su decisión esté bien fundada. Que el antiabortista pretenda que el proabortista no tiene nada que decir es hacer violencia a la integridad de ambas posturas. Las personas podrán discrepar, y esos desacuerdos pueden expresarse. Sin embargo, en este punto resulta vital conducir a la gente más allá del desacuerdo, hasta llegar a los principios cruciales que están en juego. Entonces, los implicados deben tomar su decisión. Al menos se tratará de una decisión tomada con conocimiento de causa.

CONCLUSIÓN

Si la gente está buscando la respuesta, se sentirá engañada. Mi propósito es aclarar cómo debería la gente alcanzar su propia decisión, y no tanto proponer la mía. Este proceso de alcanzar tales decisiones es raro; sin embargo, es fundamental que conozcamos cómo proceder cuando nos veamos confrontados por dilemas éticos. El tema del aborto no es algo con que nos enfrentemos la mayoría de nosotros todos los días. Aun así, es importante saber lo que pensamos. Seguir el proceso aclaratorio anterior debería permitirnos decidir acerca de nuestra propia postura y conocer las alternativas.

Capítulo 6

ASUNTOS
DE VIDA O MUERTE:
LA EUTANASIA

La definición de «eutanasia» es «morir bien». El término ha llegado a asociarse con los medios empleados para ayudar a los pacientes a morir. Al disponernos a tratar este asunto debemos enfatizar que el objeto de este ejercicio en particular es clarificar todo lo que implica tomar decisiones éticas sobre la eutanasia. No tratamos de encontrar una solución para un ejemplo específico. Más bien, perseguimos comprender la naturaleza del dilema ético, los principios que involucra, y hacernos con una base adecuada para tomar decisiones éticas en este área. Para hacer esto, seguimos el método aplicado previamente (ver el capítulo anterior).

1. C.T.F. (Considere todos los factores)

Una herramienta útil consiste en hacer una lista de posibles temas que pensamos que pueden estar relacionados con el asunto, cuantos más mejor, en el menor tiempo posible. Después, cuando se nos ocurran otras cosas, podremos añadir o quitar temas. Tal y como ya hemos visto, seguir la lista paso a paso nos permite agrupar los diversos temas. La lista nos ayuda a garantizar que no se omite ningún aspecto fundamental del problema.

A. Definición de eutanasia
B. Relación con el suicidio
C. Eutanasia activa frente a eutanasia pasiva
D. El problema del envejecimiento
E. El cuidado del enfermo terminal
F. Definiciones de vida y muerte
G. Derechos
H. Paciente
I. Familia y parientes
J. Personal médico
K. Dolor y sufrimiento
L. La importancia de la personalidad
M. Financiación
N. Técnicas médicas y sus limitaciones
O. Legislación
P. Valor y definición de una persona
Q. ¿Quién decide?
R. Consecuencias
S. Opinión pública
T. Alternativas
U. Temores y emociones
V. Valores éticos y religiosos
W. Compasión
X. Contexto mundial
Y. Deformidad y minusvalía

Examinaremos cada uno de estos temas por turno, buscando llamar la atención sobre las interconexiones entre las distintas categorías. Por este medio estaremos bien informados de los asuntos que están en juego.

A. Definición de Eutanasia

Si bien, estrictamente hablando, "eutanasia" significa "buen muerte", se ha llegado a aplicar el término casi de forma exclusiva al intento deliberado de poner fin a la vida con la intención de evitar el dolor. Se trata de la legalización de la muerte de un enfermo incurable a manos de un médico. Esta forma legal de asesinato se produce cuando el paciente así lo solicita de forma voluntaria y en pleno uso de sus facultades mentales. Así que nos ocupamos de la *eutanasia voluntaria* y no *obligatoria*. El paciente ha expresado el deseo de morir, bajo una serie de circunstancias específicas. Tal procedimiento no es lo mismo que desenchufar la bomba corazón-pulmón una vez que se ha producido la muerte. Tampoco es lo mismo, hablando con propiedad, que cuando un médico receta una sustancia muy fuerte para aliviar el dolor, aunque ésta pueda tener efectos secundarios serios, e incluso provocar la muerte. Este es otro ejemplo de la Ley del Doble Efecto, en la que el médico se preocupa de aliviar el dolor administrando los calmantes necesarios. Al final, tales medicamentos requieren dosis mortales para actuar. La eutanasia voluntaria tampoco incluye los casos en los que alguien le quita la vida a un niño, a un enfermo mental o a una persona anciana, incapaces de ofrecer resistencia o de tomar ninguna decisión en su situación. Por tanto, la eutanasia no simplemente se refiere al deseo que todos compartimos de morir lo más plácidamente posible, sino a la oportunidad legal de suicidio asistido.

B. Relación con el suicidio

Existe algo de confusión entre eutanasia y suicidio. Actualmente la ley no contempla el suicidio como un delito, mientras que ayudar a alguien a morir sí lo es. El suicidio es una forma de autodestrucción. Consiste en quitarse la propia vida de una manera directa y deliberada. Desde luego es posible que haya similitudes entre el suicidio y la eutanasia por lo que se refiere a los motivos. En ambos casos puede que la motivación sea el deseo de huir de un dolor intolerable o de situaciones desesperadas, además de aliviar la carga de la familia y los amigos. Conviene hacer notar otra diferencia entre la eutanasia (y también el suicidio) y la entrega voluntaria de la propia vida. La gente se confunde y a veces llama a esto último suicidio, cuando en realidad se trata de martirio. Para el mártir la muerte no es la meta. Si pudiera realizar el mismo acto sin mediar su propia muerte, lo haría. No *desea* su propia muerte, pero está preparado para morir. Está preparado para aceptar la muerte como la consecuencia inevitable y desafortunada de llevar a cabo un acto de caridad, justicia, misericordia y piedad.

> *El capitán Oates dejó a sus compañeros en la Antártida porque se había convertido en una carga para ellos. Él no quería matarse. Había luchado demasiado para eso. No era una persona que se rajase fácilmente, pero se dio cuenta de que no podía seguir adelante y le horrorizaba pensar que si permanecía en el refugio sus amigos se negarían a partir. Salió en medio de la nieve, no para matarse, sino para intentar darle a sus amigos una mayor probabilidad de salvar sus vidas. Él no se mató a sí mismo. La nieve, la ventisca y la congelación se encargaron de hacerlo. No era un suicida. Es fácil malinterpretarlo. Si se hubiera pegado un tiro, entonces su muerte hubiera sido un suicidio, pero yo no puedo creer que cualquiera que "pone su vida por sus amigos" es un suicida [De mi artículo "Human Suicide and Para-suicide (Suicidio humano y parasuicidio), C.M.F. Guideline Nº 64].*

Por supuesto que habrá alguna discrepancia de parte del bando proeutanasia. Ellos dirán que algunas de las personas que solicitan la eutanasia lo hacen por su familia o sus amigos, y no tanto movidos por el deseo egoísta de evitar el dolor. Puede que sea así, aunque resulta difícil estar seguro de la pureza de los motivos en tales casos y, lo que es más importante todavía, la solicitud de eutanasia implica que la responsabilidad de quitar la vida recaerá sobre los hombros de otra persona. Este suicidio asistido es bastante diferente de aquel que es ejecutado o que muere en favor de otros.

C. Eutanasia activa frente a eutanasia pasiva

Otra aclaración necesaria en el debate sobre la eutanasia es la distinción entre lo que se llama eutanasia activa y eutanasia pasiva. La eutanasia activa se produce cuando un tercero causa *directamente* la muerte en respuesta a una petición expresa de un paciente. Consiste en matar. Por contra, se habla de eutanasia pasiva en aquellos casos en los que se retiran los diversos tratamientos para prolongar la vida. Algunos pondrían en duda si en tales casos es correcto hablar de eutanasia. Ejemplos de tales casos serían no empezar un tratamiento cuando la alternativa es la muerte o dejar que el paciente muera cuando el proceso irreversible ya está bien avanzado.

El poeta Arthur Hugh Clough expresa la diferencia con claridad: "No matarás, pero no es necesario que luches oficiosamente para mantenerle vivo". Muchos, incluyendo el colectivo médico, están preocupados por la manera en que se prolongan los tratamientos para mantener la vida, cuando no existe una perspectiva real de un auténtico bienestar o calidad de vida (ver N, F). Matar es distinto de permitir que alguien muera en circunstancias en las que no hay ninguna esperanza de mejoría. En este sentido, la muerte es un proceso natural y no tanto un proceso médico demasiado prominente. Al discutir el tema de la eutanasia, nos estamos refiriendo a la eutanasia activa y a todo lo que eso implica en términos de la solicitud del paciente y el consentimiento del médico.

D. Los problemas del envejecimiento

Demasiado a menudo se asocia la cuestión de la eutanasia con los ancianos. Aunque la eutanasia es relevante en casos de enfermedad incurable en cualquier momento de la vida, los problemas del envejecimiento plantean una dificultad especial. El hecho mismo de que Gran Bretaña tiene una población cada vez más vieja significa que el equilibrio de la sociedad está cambiando. Cada vez hay más gente mayor y menos gente joven. Al mismo tiempo, las personas viven más años debido a los avances sociales y médicos. Tenemos la capacidad de mantener la vida durante períodos más largos. Enfermedades que antaño afectaban a los ancianos, como la neumonía, pueden ser controladas con relativa facilidad. Sin embargo, la vejez conlleva toda una serie de problemas. El primero y principal de ellos es que el anciano puede notar una disminución de sus facultades. Cuando esa persona ya no está en tan buena forma como antes, incluso las tareas más sencillas se tornan difíciles. Los ancianos pueden llegar a sentirse confusos, padecer demencia senil, incontinencia, y ser incapaces de cuidar de sí mismos. Pueden sentirse degradados y pensar que la vida ya no es digna. A menudo, en circunstancias así, los ancianos llegan a depender totalmente de sus familias o amigos, y esto supone una presión para los hijos solteros o casados que tienen que cuidar de los padres mayores. Muchas veces esto se interpreta como una elección entre permitir que la persona mayor sufra o que la familia pase privaciones. También es frecuente el extremo contrario. Este consiste en que al anciano no le quedan amigos o parientes y se encuentra solo y sin los recursos sociales que la mayoría de nosotros damos por sentado.

En todas estas situaciones no es infrecuente que se formule la pregunta "¿Qué es lo que se puede esperar?" La respuesta a menudo parece ser la de un modelo de creciente dependencia y degeneración que conduce finalmente a una total impotencia. Algunos piensan que esto supone la desaparición de toda dignidad. Es obvio que no todos los ancianos se encuentran en estas circunstancias, pero sí un número cada vez mayor de ellos, y debemos tomar nota de este hecho. Evidentemente los gobiernos local y central se responsabilizan del cuidado de los ancianos a través de los servicios médicos y sociales, pero ese cuidado depende de la capacidad y la financiación disponibles. Dentro de la medicina, la geriatría es comúnmente la "cenicienta" en cuanto a enseñanza, práctica y financiación por parte de la Seguridad Social. Los millares de problemas sociales urgentes a los que tienen que hacer frente los servicios sociales pueden suponer que el tiempo y el cuidado dedicados a la tercera edad sean pequeños en proporción a sus necesidades. A pesar de que ellos le han dado mucho a la nación, demasiado a menudo tienen la sensación de que se les ha dejado tirados a la espera de que se pudran. No es de extrañar que el tema de la eutanasia suscite temor de parte de los vulnerables ancianos y, al propio tiempo, ofrezca una solución a lo que parece ser un problema insoluble. Puede que la eutanasia ofrezca una muerte digna.

E. El cuidado del enfermo terminal

Uno de los factores clave en la resistencia contra la necesidad de la eutanasia ha sido la aparición de residencias para enfermos terminales. La estampa de envejecer solamente se identificaba en la mente de las personas con el proceso de la muerte. La muerte implicaba un gran dolor, y las enfermedades incurables conllevaban un dolor insoportable. La muerte también era una gran conspiración de silencio. Nadie sabía que se estaba muriendo. Podían imaginarlo, pero el personal médico y sanitario parecía tomarse muchas molestias para parecer optimista y positivo. Los familiares y los amigos ponían buena cara durante las visitas, y los pacientes sabían que no debían preguntar si se estaban muriendo. Las salas hospitalarias eran los lugares habituales en los que se producía la muerte, sin ninguna intimidad y casi ninguna oportunidad de conservar algún vestigio de dignidad. La gente oraba para tener una muerte rápida e indolora.

Las residencias para enfermos terminales han cambiado muchas de estas cosas. Han creado un ambiente en el que el secretismo, y con él el temor a morir, han disminuido. Médicos y enfermeras especialmente preparados han dado a los pacientes el tiempo que necesitan para entender su situación y aceptarla. Para la mayoría de personas lo temible no es la muerte en sí, sino el dolor de morir. Estas residencias han centrado sus esfuerzos en el control del dolor. Es posible regular la administración de medicamentos, de tal manera que el paciente esté libre del dolor y sin que simultáneamente se encuentre totalmente bajo la influencia de esos medicamentos. Frecuentemente los pacientes quedaban reducidos a zombis, o acababan convirtiéndose en drogadictos, cuando tal sobremedicación era innecesaria. Una vez que a la gente se le ha asegurado que morir no tiene porqué ser doloroso, las personas se han sentido más capaces de asimilar la espera y la propia experiencia de la muerte. Desde luego que estos cuidados son enormemente costosos, tanto en recursos como en personal.

En momentos de inflación y de restricciones económicas existen reparos acerca de poner en marcha la construcción de nuevos hospitales. No obstante, están floreciendo las residencias para enfermos desahuciados, las cuales proveen un ambiente de cuidado para el enfermo terminal que es una alternativa real a la senda de la eutanasia.

F. Definiciones de vida y muerte

En el capítulo anterior tratamos las cuestiones médicas y espirituales de cuándo comienza la vida y la definición de una persona (ver páginas 123-125). Ahora vamos a centrar nuestra atención en la definición de muerte. En líneas generales, las definiciones tradicionales de la muerte se referían a la ausencia de respiración y de pulso. Si alguien dejaba de respirar y su corazón se paraba, estaba muerto. Las técnicas modernas de resucitación han hecho que tales definiciones sean inadecuadas, así que la atención se ha dirigido hacia la muerte cerebral. La ausencia de ciertos patrones de las ondas cerebrales medidas con un EEG (electroencefalograma) es usada para medir la presencia o ausencia de vida. Es evidente que en la medida en que se perfeccionen las técnicas médicas, el momento de la muerte se podrá medir con mayor precisión, pero esto aún nos deja con los casos difíciles. Puede que un ejemplo personal ayude a clarificar las cosas. Estando yo de vacaciones me llamaron urgentemente para que acudiera al hospital donde habían ingresado a mi madre. Parecía encontrarse bien; tenía un buen color y su cuerpo aparentaba respirar con normalidad. Parecía estar dormida, como si en cualquier momento fuera a abrir sus ojos y a decir: "¡Hola!" Los médicos dijeron que estaba muerta. Su cerebro había sido destruido por una hemorragia masiva. Al día siguiente, después de hacerle otras pruebas, desconectaron la bomba corazón-pulmón y fue declarada oficialmente muerta. Cuando una persona está inconsciente se acude a un médico experto para que emita una opinión sobre las posibilidades que tiene de recobrar la consciencia. En casos así puede producirse un retorno a la vida, pero podemos dudar de la naturaleza de esa vida.

En términos tradicionales esto se suele expresar como la tensión entre la calidad y la cantidad de vida. Una persona puede continuar existiendo como un vegetal, dependiendo totalmente de medios artificiales para sobrevivir, inconsciente y sin ninguna perspectiva de recobrar la consciencia. Inmediatamente los hay que pondrían en duda la exactitud de un pronóstico médico así. Pueden producirse nuevos descubrimientos médicos. Quizá haya una recuperación espontánea.

Los ejemplos verdaderamente difíciles se suelen encontrar entre los discapacitados profundos. La publicidad recientemente se ha centrado en el problema de tales casos en la etapa neonatal. ¿Qué calidad de vida es posible para un niño deficiente profundo? ¿Debería la ciencia médica seguir siendo utilizada para tratar de mantener una vida cuya calidad deja mucho que desear? ¿Debería hacerse pasar a los padres y al personal médico por la agonía de tales tratamientos, cuando se producen avances tan pequeños en comparación con el esfuerzo realizado? ¿Debería forzarse al niño a padecer más dolor aún, cuando no hay una esperanza real de bienestar y de una existencia sin dolor? Estas preguntas son difíciles y nos obligan a preguntarnos: "¿Cuándo es una persona una persona?" ¿Qué debemos hacer con aquellos que nunca más serán capaces de responder a una relación humana, de llevar una conducta racional o de desconectarse de una máquina que mantiene sus constantes vitales? ¿Debemos prolongar sus vidas o poner fin a las mismas?

Muchos estarían de acuerdo en que estos casos no tienen nada que ver con la eutanasia, ya que son situaciones en las que no es posible la elección por parte del paciente. Quizás "mercy-killing"[1] sea el término más apropiado para estos casos. De hecho, los médicos ya toman decisiones que son asuntos de vida o muerte. Aunque es posible que no queramos eliminar o restringir indebidamente esa toma de decisiones, está claro que debe existir algún tipo de defensa frente a la opinión del médico.

En el área de la eutanasia, las definiciones de vida y muerte se centran en el grado de sensibilidad, sentido y reflexión que caracterizan la vida de una persona. Para aquellos que sienten que incluso estas facetas básicas de bienestar les son negadas, se reclama el derecho a tener la libertad de elegir la muerte. El problema de tales pretensiones será tratado más adelante, pero la situación en la que no se puede reivindicar tal cosa, aunque la salida misericordiosa es una opción, sigue siendo un área en la que la práctica médica debe estar sujeta a evaluación, sin que eso suponga obstaculizar la opinión clínica.

---

1. Literalmente, "asesinato misericordioso". Este término no tiene una correspondencia exacta en español y se suele traducir como "eutanasia". Aquí es evidente que el autor distingue entre "eutanasia" y "mercy-killing". "Eutanasia" es cuando el paciente ha expresado un deseo para morir, mientras que con "mercy-killing" el paciente puede expresar o no este deseo (Nota del Traductor).

G. Derechos

La Voluntary Euthanasia Society (Sociedad para la Eutanasia Voluntaria) aboga por la eutanasia basándose en los derechos. Se dice que el paciente tiene el derecho y la libertad de escoger la muerte. El paciente tiene el derecho a morir cuando y donde quiera. Una parte de esto es la reclamación para el derecho a morir con dignidad, evitando los procesos dolorosos y penosos que pueden reducir al ser humano al nivel de un vegetal dependiente. Este derecho suena un poco raro, ya que la muerte es un proceso inevitable. Todos morimos, más tarde o más temprano, tanto si lo queremos como si no. Esta petición se basa, en parte, en los avances de la tecnología médica. Los procesos vitales se pueden prolongar artificialmente, prolongando así el acto de morir. Puede que el paciente le tema a una muerte así de interminable. Un segundo aspecto de esta reclamación del derecho a morir está encuadrado dentro de una preocupación más general acerca de los derechos humanos en cada área de la vida. Los distintos movimientos de liberación occidentales han enfatizado tanto los derechos del individuo que hemos llegado a creer que deberíamos ser dueños de nuestro destino. Después de todo, se trata de mi vida. ¿Por qué no puedo acabar con ella si lo deseo? Los modernos medicamentos han hecho innecesario el dolor. Debido a ello nos hemos vuelto intolerantes con la incomodidad del dolor. El sufrimiento debe ser evitado a toda costa. A menos que la vida sea feliz, no vale la pena vivirla. Así que el derecho a morir forma parte de una postura utilitarista ante la vida, y del papel que juega el placer en esa vida. Cada uno de estos puntos puede debatirse por separado, pero hay un problema más fundamental con la idea del derecho a morir. Los derechos implican responsabilidades. El derecho a morir entraña la responsabilidad de alguien que quita la vida. Nuevamente, matar es lo que diferencia a la eutanasia del suicidio. Hay otras personas involucradas. ¿Es justo y correcto *pedirle* a otros que nos maten, ya que esto es exactamente lo que implica el derecho a morir? Este derecho a morir inevitablemente infringiría los derechos de otros, demandándoles que hicieran algo que no se le debería pedir a nadie. La justicia y aun los medios de controlar este derecho y esta decisión de morir (ver O) son extremadamente arriesgados y dudosos. De hecho, el derecho a morir se puede oponer al derecho a vivir. Nadie desea el fantasma de la muerte o la eutanasia obligatorias. Tenemos derecho a la vida, pero este derecho no encaja bien con la reivindicación del derecho a morir. No parece posible mantener ambos derechos juntos, y sin embargo esta es, en esencia, la posición basada en la libertad del individuo para escoger.

No obstante, el paciente, sea discapacitado, anciano o enfermo incurable, tiene ciertos derechos. El derecho a ser tratado con respeto, el de recibir el mejor tratamiento disponible, el derecho a que se le diga la verdad, a que se mantengan su intimidad y dignidad y a que se alivie su dolor en la medida de lo posible. Estas no son reivindicaciones nuevas. Forman parte esencial de la buena práctica médica.

El personal sanitario busca constantemente la forma de evitar las deshumanización y despersonalización en los medios de atención y cuidado y en los tratamientos. Sin embargo, en este contexto de los derechos del paciente y las responsabilidades del personal médico, debe plantearse el derecho del médico a recibir la cooperación del paciente y a que se confíe en él. Los médicos y enfermeras no deberían estar sujetos a peticiones, expectativas y comportamientos poco razonables.

Hay que señalar un área más de derechos. La familia y los parientes del paciente, tanto si es un discapacitado profundo como si se trata de un anciano o de un enfermo incurable, tienen el derecho a que se les informe de los detalles relevantes relativos al cuidado, pronóstico y tratamiento. También existe el derecho de evitar la presión de pedir a los familiares que tomen decisiones que no están preparados para tomar (Q). La segunda área de derechos tiene que ver con la sociedad en su conjunto. La sociedad tiene el derecho de proteger a las personas de sí mismas, además de protegerlas de los demás. Esto es tanto una responsabilidad como un derecho. Quiere decirse que hay algunas cosas que la sociedad no permitirá que un miembro se haga a sí mismo o haga a los demás. La sociedad tiene el derecho a interferir. Así, la legislación y la opinión pública son fuerzas poderosas a la hora de salvaguardar las vidas y el cuidado de aquellos que se enfrentan a la muerte (O, S). Es evidente que lo que se pretende con estas defensas es asegurar que no se produzcan abusos en el cuidado médico, aunque también se escuchan protestas generalizadas si se descubren ejemplos públicos de eutanasia en los hogares.

H. El paciente

Al fijarnos en el paciente, resulta evidente que la diversidad de casos y circunstancias será grande. Algunos serán capaces de reflexionar racionalmente con facilidad, mientras que otros puede que muestren pocos signos de funciones racionales. En el caso de los muy jóvenes, de los discapacitados profundos, de los perturbados mentales o de aquellos aquejados de demencia senil, se requieren ciertas defensas y tratamientos más cuidadosos. Estas formas tan vulnerables de existencia humana merecen nuestra compasión y cuidado, tanto por lo que eran y podrían ser todavía, como por lo que estaban llamados a ser como seres humanos. Esto hace que se descarten todas las formas de eutanasia obligatoria. Consideraremos con más detalle qué hacer en casos en los que con anterioridad, y en pleno uso de las facultades mentales, se ha tomado la decisión de someterse a la eutanasia (O, Q).

Hay que tomarse en serio la situación que se plantea cuando existe un deseo por parte de un paciente de que se le aplique la eutanasia. Según algunos, la petición misma sería un signo de inestabilidad mental, pero eso es precipitarse en las conclusiones. ¿Por qué querría alguien morir mediante eutanasia? Evidentemente esto ocurrirá sobre todo en contextos en los que el paciente sea incapaz de suicidarse. Si se trata de morir a toda costa, la mayoría de personas pueden encontrar maneras de matarse ellas mismas. Pedir ayuda para un proyecto así indica o bien que se duda en cuanto a su sensatez, y por lo tanto existe la necesidad de alguna confirmación, o bien que uno se siente incapaz de llevar a término el fin deseado. El primer motivo es egocéntrico, dicho sea en un sentido neutral. Significa que el motivo tiene que ver con el propio ser de una persona. Esa persona puede sentir un gran dolor o enfrentarse a la expectativa de sufrir un gran dolor. Puede que haya vivido una vida satisfactoria y tema la creciente debilidad y disminución de sus facultades físicas y mentales. O quizás suceda que la persona haya tenido una vida infeliz y busque poner fin a eso. Puede sentir que ya ha sobrepasado su utilidad, que ahora ya no tiene valor y que es una carga para sus familiares, amigos y demás personas. Este último sentimiento transforma el motivo egocéntrico en un motivo que se centra en los demás. Algunos no buscan la eutanasia tanto por ellos mismos cuanto para beneficio de otros, especialmente familia y amigos. Esta solicitud puede ser una negativa a ser una carga para los demás.

Al ocuparnos de estos diferentes tipos de motivos es importante descubrir qué grado de dolor, discapacidad y sentido de falta de valor hay. Esto quiere decir que hay que escuchar detenidamente, orientar y considerar las alternativas. A menos que al paciente se le presenten alternativas puede que se sienta engañado, e incluso que manifieste una mayor determinación a morir. En el caso de los motivos centrados en los demás, es importante explorar los sentimientos y las situaciones de los otros. Esto es enormemente delicado. Saber que un familiar contempla la posibilidad de la eutanasia puede añadir culpa y aflicción a las personas y familias que ya se encuentran bajo presión. No obstante, resulta fundamental aclarar con cuidado la percepción que tiene el paciente de la naturaleza exacta y extensión de sentirse una carga para los demás. A menudo se trata más de una reflexión puramente personal que de una realidad objetiva. La tarea de los servicios médicos y sociales consiste en buscar la manera de aliviar las situaciones en las que existe una carga y un pesar genuinos. Este cuidado e intervención pueden darse tanto a corto como a largo plazo, pero son vitales.

Los temas clave para los pacientes que están considerando la eutanasia parecen ser el sentido del valor, el problema del dolor y la disminución de las facultades, y el sentido de dependencia de otros (P, K, U, I, E).

I. La familia y los parientes

Hemos visto algunas situaciones en las que no quedan parientes o familia. Aquí nos concentramos en las situaciones en las que hay familiares. Haciendo una selección entre los casos de recién nacidos, minusválidos profundos, perturbados mentales, ancianos y enfermos incurables, nos fijaremos en tres de éstos como ejemplos típicos. Si los padres descubren que su bebé es un niño discapacitado profundo, esto les supone un enorme trauma. Se entremezclan la culpa, el temor y la pena. ¿Qué hay que hacer? Los médicos explicarán cuidadosamente y, esperamos, con mucho tacto la naturaleza de la deformidad y su posible resultado. Puede que haya pocas esperanzas de mejora de las condiciones y que la expectativa de vida del bebé sea limitada. Sin embargo, en la mayoría de los casos existen técnicas médicas que prolongan la vida, tratan algunos de los síntomas, protegen contra otras infecciones y enfermedades y llegan a mejorar enormemente, o quizás sólo levemente, la calidad de vida. En una situación como ésa, cargada de emotividad, en la que los padres puede que encuentren dificultades para entender lo que se les dice y la trascendencia que todo ello tiene, el médico tiene una gran responsabilidad. De la manera en que presente los hechos a los padres puede depender la decisión final.

Obviamente, si hay profundas creencias éticas y religiosas de por medio, el médico debe respetarlas, aunque la práctica médica varía sustancialmente según el hospital. Algunos se fajarán bravamente para conseguir la más mínima oportunidad de mejorar la calidad de vida, mientras que otros permitirán "que la naturaleza siga su curso". Esta frase es muy engañosa. Casi toda la práctica médica interfiere en los procesos naturales. Tal interferencia puede consistir en acelerar o reforzar el rumbo que tomaría la naturaleza, por ejemplo en la curación, pero sigue tratándose de una interferencia. La mayoría de las veces encontramos que esa interferencia es muy bien recibida, y hemos llegado a depender de ella. Ahora mismo, la ciencia y los avances tecnológicos en medicina son capaces de mejorar la labor de la naturaleza y, en particular, de preservar las vidas de niños con profundas y severas minusvalías. Pero, ¿debería ser esto así? ¿Es correcto ocasionarle dolor y sufrimiento al niño? ¿Es justo añadir una carga más a la culpa y la infelicidad de los padres, forzándoles o animándoles a que soporten un deficiente profundo y una muerte prematura? ¿Resulta adecuado utilizar unos recursos económicos, médicos y asistenciales valiosos en casos en los que la calidad de vida es tan pobre? Y sin embargo, estas preguntas son equiparables a otro conjunto de preguntas. ¿Es justo destruir la vida de los inocentes? ¿Está bien privar a los padres de la vida de su niño y contribuir a su culpa y aflicción permitiendo la muerte del mismo? ¿Puede un médico dejar de preservar la vida humana? ¿No debería la ciencia médica hacer todo lo que esté en su mano, sabiendo de los nuevos y grandes avances que están justo a la vuelta de la esquina? ¿Quién está capacitado para decir cuál es la calidad de vida real de una persona discapacitada? Mejor algo de vida que nada de vida.

Los padres examinarán todas estas cuestiones, y muchas más, si se encuentran en una situación de deformidad neonatal. No obstante, esto todavía deja pendiente el tema de quién debe decidir la acción que vaya a tomarse (ver Q). Quienquiera que decida, los sentimientos y las creencias de los padres son muy importantes.

También se encuentran ejemplos de esta situación, en cuanto a los familiares, entre los ancianos. En la sección anterior vimos la manera en que las personas mayores pueden llegar a sentir que son una carga para sus familiares. En realidad puede que sea así. Resulta vital encontrarse con la familia y los familiares y visitarlos, para ver bajo qué tipo de presión se encuentran y para evaluar en qué medida cambian las cosas por tener que cuidar a una persona mayor. Las familias se siente nculpables ante el envejecimiento de los parientes más cercanos. Reconocen que están en deuda con ellos y que los aman, en especial a los padres, pero a menudo las circunstancias económicas y de espacio dificultan que puedan cuidar de ellos. Con frecuencia se da el caso de que las personas, las solteras particularmente, se sienten atrapadas por el cuidado de sus padres mayores y parecen no encontrarle ninguna salida a esa situación. La eutanasia se presenta entonces como una posible solución, pero está plagada de dificultades para la familia y los parientes. ¿Quién decide? ¿Quién sería capaz de vivir con la culpa? ¿Es el tipo de presión tan grande que matar (incluso legalmente) es permisible? Por otro lado, puede haber familias que vean sufrir a sus familiares ancianos en medio de grandes dolores y de una notable disminución de sus facultades físicas y mentales. Es posible que a menudo hayan hablado de que «cuando sea mayor y esté solo, dejadme dormir en paz». Puede que algunos sientan que deberían ayudar a los ancianos, especialmente si la solicitud de eutanasia es repetida y enérgica. Sin embargo, la sociedad y la ley deben proteger a las personas unas de otras, y también de sus propios juicios. Este es especialmente el caso cuando existe la posibilidad de que haya motivos entremezclados. Al calmar el dolor y la aflicción de un pariente envejecido puede que herede una bonita suma de dinero. ¿Quién puede estar seguro de la pureza de los motivos en tales casos?

El primer ejemplo es el de un enfermo incurable. La carga del dolor puede hacerse insoportable para el paciente, pero no lo es menos ver el sufrimiento de un ser querido. La tensión de cuidar a un enfermo incurable puede ser muy grande, tanto física como emocionalmente. Ver como alguien se va consumiendo es extremadamente penoso. Lo que lo hace peor es que no parece vislumbrarse una posible mejoría o un fin inmediato del sufrimiento o de la necesidad de cuidado. Con frecuencia las familias se encuentran agotadas por la situación. No es de extrañar, pues, que la solicitud de alivio del dolor mediante eutanasia parezca una proposición tentadora. Sin embargo, ¿está bien quitarle la vida a alguien? Por otro lado, ¿acaso la compasión no implica que debemos aliviar la agonía del otro? Sin la posibilidad de una alternativa, la elección parece muy cruda. Las alternativas de ayuda médica y social, consejería profesional para la familia y el paciente, y la red de seguridad que suponen las residencias para enfermos terminales, que ofrecen un amplio servicio domiciliario, son vitales para la familia y los parientes del enfermo incurable. Sus propias creencias éticas y religiosas y su relación con el médico también son importantes a la hora de discutir cualquier solicitud de eutanasia.

J. El personal médico (ver también N)

En general, los médicos se oponen de manera feroz al principio de la eutanasia voluntaria. Tanto la Asociación Médica Británica como la Asociación Médica Mundial han rechazado específicamente tal política. El impulso natural de los médicos y enfermeras es curar y preservar la vida. Hay que resistir cualquier ataque contra este papel fundamental. Una vez que pudiera parecer que los médicos y las enfermeras se estaban dedicando al control de la muerte, esa relación tan sensible entre doctor y paciente se vería debilitada. La frase "Ahora voy a hacerle dormir" causaría terror en el indefenso paciente. El personal médico teme que cualquier tipo de legislación en favor de la eutanasia socavaría la confianza que los pacientes sienten hacia los médicos. De hecho, ya existe un cierto desasosiego entre el público a cuenta de los transplantes de órganos en los que se utilizan órganos donados. Esto se debe, en parte, al temor acerca del momento y la definición de la muerte, además de la persistente duda sobre si se hizo todo lo posible. Tanto local como nacionalmente existen pautas estrictas y verificaciones de seguridad en estas situaciones. Es probable que una legislación de eutanasia voluntaria afectara la situación negativamente.

Es más, los médicos están inquietos ante una legislación de la eutanasia en otras direcciones. Hemos visto la sentencia "No matarás, pero no es necesario que luches oficiosamente por mantenerle vivo". Los médicos toman decisiones de vida o muerte. Tienen que hacerlo. Se enfrentan con la necesidad de responder de inmediato a diversas posibilidades y a unos recursos limitados. No todos los pacientes con problemas de riñón o corazón pueden recibir trasplantes.

Aparte de la incompatibilidad entre el paciente y el donante, no hay suficientes órganos para trasplantes como para atender cada caso. El doctor debe decidir quién es más probable que se beneficie, y actuar en consecuencia. Lo mismo ocurre con la definición de muerte. Se trata de un juicio clínico y se realiza con un gran cuidado; sin embargo, debe realizarlo un médico cualificado. Los médicos y sus colegios profesionales se muestran cautelosos ante cualquier forma de legislación que probablemente vaya a afectar la opinión profesional de los médicos. Una legislación demasiado escrupulosa significará un retraso en la acción médica, y hará más difícil y vulnerable la labor del médico. Aun reconociendo el elevado nivel ético de la profesión y el grado de control profesional, todavía resulta apropiado buscar algún mecanismo de control para el facultativo demasiado entusiasta (ver N). Si bien algunos temen que los médicos pudieran tratar la vida demasiado a la ligera si la eutanasia se legalizara, existe también el peligro contrario.

Puede que el médico, al tratar con casos extremos, utilice medios extraordinarios para intentar preservar la vida a toda costa (ver N). La muerte ha llegado a ser un signo de fracaso para algunos doctores, que la resisten a cualquier precio. Existen límites en lo que la medicina puede hacer y en lo que debería hacer. Puede que los médicos, por sí solos, no sean los mejores jueces para decidir dónde se encuentran estos límites.

Cuando los médicos y las enfermeras se ocupan de los casos extremos de discapacidades o enfermedades incurables, no sólo resulta esencial que exista una atmósfera de cuidado compasivo, sino también un sentido escrupuloso de honestidad. Por supuesto que la manera en que se cuenta la verdad afecta lo pronto que seamos capaces de enfrentarnos con esa verdad, y el personal médico y sanitario necesita ayuda y ánimo en este tipo de habilidad. Para algunos, el tipo de tratamiento que dan los médicos en algunas ocasiones cae dentro de la categoría de la Ley del Doble Efecto. A veces se administran medicamentos peligrosos porque son necesarios para aliviar el dolor. El doble efecto de la administración de tales medicamentos es que no sólo se elimina el dolor, sino que se puede causar la muerte. Trabajos recientes en el control del dolor han mejorado este área de la práctica médica, pero aún queda mucho trabajo por hacer. No obstante, en última instancia, la dosis y el tratamiento son cuestiones del juicio médico y deben ser dejadas al médico con todas las garantías profesionales intactas.

A menudo subestimamos el efecto de la muerte y del proceso que conduce hasta ella sobre el personal médico y sanitario. Este efecto tiene que ser tanto doloroso como angustiante. Si legalizáramos la eutanasia y obligáramos al personal médico a aplicarla, probablemente la culpa y la angustia aumentarían enormemente. La eutanasia sería una carga insoportable para muchos médicos y enfermeras.

K. El dolor y el sufrimiento

A mucha gente lo que les aterroriza no es la propia muerte, sino la idea del dolor. Si la muerte no fuera dolorosa, la gente se sentiría menos asustada. Esto es especialmente cierto en nuestra propia sociedad aséptica, en la que se elimina toda señal de malestar mediante montones de analgésicos.

La ciencia médica, al ponerle freno al dolor, nos ha hecho sentir más miedo que nunca de él. Al mismo tiempo, el sufrimiento, tanto el propio como el de un ser querido, nos resulta imposible de entender. El sufrimiento desafía a la razón. Ante él nos sentimos indefensos. Si hubiera algún propósito sería más fácil de aceptar, pero en la mayoría de los casos no parece tener ningún sentido. Veremos en la tradición cristiana intentos de ver el sufrimiento como algo positivo (V, F, P). Al final queda algo de sufrimiento que no puede ser explicado y que destruye la gente y las vidas. Todos tememos este tipo de sufrimiento, y las grandes enfermedades mortales de nuestra era se asocian frecuentemente con el dolor extremo.

Así pues, evitar el dolor es el motivo clave para solicitar la eutanasia. Este dolor puede ser del propio paciente o el dolor que creen estar causándole a otros en sus condiciones. Esto crea problemas. El primero es que el dolor es subjetivo. Diferentes personas son capaces de soportar cantidades de dolor distintas. Dudaríamos a la hora de quitarle la vida a alguien para huir de un pequeño dolor. Sin embargo, ¿qué se considera un dolor pequeño o un dolor grande? ¿Cómo se mide el dolor? Aunque el dolor subjetivo sigue siendo un dolor real para el paciente, ese dolor puede ser controlado. Las medicinas y los tratamientos actuales están permitiendo un control cada vez más refinado del dolor. No es necesario que la gente sufra. De hecho, algunos responsables de clínicas del dolor afirman que la época del dolor es algo que ya pasó. Si queremos, pronto tendremos una sociedad sin dolor. Ahora bien, el dolor es importante, ya que es una señal de aviso muy útil. La misma capacidad de sentir dolor es la que nos permite sentir placer. Si eliminamos uno, podemos afectar al otro. Cuando se solicita la eutanasia, hay que tratar el dolor y, si resulta posible, descubrir algún significado para el dolor soportado. Esto puede transformar al paciente.

L. La importancia de la personalidad

(i) *Dignidad (P)*
Ya hemos visto que el paciente tiene el derecho a ser tratado con dignidad. Esto significa que debe preservarse la dignidad de la persona tanto en el cuidado como en la forma de tratamiento. Ahora bien, la dignidad a menudo está basada en el valor.

(ii) *El valor de una persona*

¿Cuánto vale una persona? Normalmente contestamos a esa pregunta en base a un testamento. Una persona vale lo que deja tras de sí. Para otros, el valor tiene que ver con la contribución de una persona a la sociedad. Su valor es la pérdida que supondría si muriera. Para otros, el valor depende del propio ser y de cómo uno se ve a sí mismo. Es la creencia en quiénes y qué somos. Podemos hacer nuestro propio cálculo de nuestro verdadero valor. Para el cristiano, el verdadero valor no se encuentra en los propios cálculos ni en los cálculos que los demás puedan hacer de nosotros. Una visión tan funcional del valor es egoísta, y también exclusiva. Para aquellos con poca autoestima o que tienen una pobre o nula contribución que hacer a la sociedad, cualquiera de estas dos bases para el valor significaría que no tienen ningún valor. Para el cristiano, el valor viene de Dios (ver F, I, P). Para el humanista, el valor se halla simplemente en el hecho de ser humano y persona. Esa es la fuente de valor y no hay ninguna necesidad de buscar otra base. Está claro que un sentido del valor (y a menudo eso significa nuestra capacidad de contribuir de algún modo) es un elemento importante en la consideración de la eutanasia. Pero eso nos deja con el problema de quién decidirá lo que es el valor y cuánto valor se le tiene que asignar a cada persona.

(iii) *La definición de una persona*

En el capítulo 5 vimos los intentos de definir la naturaleza de una persona (páginas 123-125). Para algunos ésta consiste en la capacidad de pensar racionalmente, de ser responsable o de formar y mantener relaciones humanas. Esto crea problemas para los discapacitados mentales profundos, para los niños pequeños y para aquellas personas que padecen demencia senil. Consideramos a los niños como personas en formación, y las tratamos como personas debido a lo que llegarán a ser en términos de responsabilidad y racionalidad. Los enfermos de demencia senil podrían ser tratados como personas por lo que han sido y las relaciones y el comportamiento demostrado con anterioridad. Los enfermos mentales pueden ser tratados como personas debido a su conducta pasada o futura, pero estas definiciones huelen a argucias.

Realmente no necesitamos argumentos extravagantes o dogmas filosóficos para darnos cuenta de que en estos casos nos encontramos en presencia de sombras de humanidad. Son muy parecidos a las personas, y sin embargo no son tan receptivos. Estas sombras de vida nos hacen más delicados y cuidadosos a la hora de velar por sus derechos y dignidad. No discutimos su condición de personas. Respondemos a la humanidad en su necesidad.

M. Financiación

La eutanasia también es una cuestión de dinero. En una sociedad en la que cada vez hay más personas de la tercera edad que requieren de mayores cuidados, la economía es un factor fundamental. Para muchos ancianos que se encuentran con una creciente inflación y una disminución de los ingresos, la cuestión de la supervivencia económica a menudo se convierte en una cuestión de la propia vida. La pobreza es todavía un problema para la gente mayor (al igual que para muchos otros). El orgullo hace que sea difícil aceptar incluso la "caridad" del gobierno. Además, los costes de atender y tratar a los niños discapacitados físicos y mentales, a los enfermos mentales, los ancianos y los enfermos incurables son altos, y suponen una presión añadida para los presupuestos de sanidad y servicios sociales. ¿Podemos permitirnos mantener viva a la gente? ¿Es así como debería emplearse el dinero?

Muchos de nosotros nos sentimos profundamente inquietos por el hecho de que asuntos de vida o muerte comporten un aspecto económico. Sería de tontos negar esta parte del problema. Ahora bien, sería igualmente estúpido pretender que el centro del debate a favor o en contra de la eutanasia se basa en cuestiones económicas. Hay otros valores éticos y religiosos en juego (V).

N. Técnicas médicas y sus limitaciones

Nadie negará el progreso de la medicina. Todos nos beneficiamos de ese progreso, nos guste o no. Sin embargo, la gente está inquieta ante el hecho de que a la medicina "se le hayan subido los humos a la cabeza". La capacidad de transplantar órganos importantes, implantar bebés en úteros estériles y resucitar a los aparentemente muertos nos hace sentir una pizca intranquilos. ¿Dónde acabará todo esto? Tenemos la sensación de que algunas manifestaciones de la medicina son antinaturales. No obstante, esta idea está repleta de problemas. Lo que hoy es natural ciertamente no lo era hace un siglo. En medicina, los milagros de hoy son moneda corriente del mañana. Lo que hoy resulta extraordinario puede convertirse en extremadamente ordinario en el futuro próximo. Entonces, ¿cómo debemos enfocar los límites de la medicina?

Algunos buscan establecer una distinción entre las formas de tratamiento "ordinarias" y "extraordinarias". Esta distinción es un tanto incierta, pero en cualquier caso lo "ordinario" incluirá todas las formas normales de tratamiento, mientras que lo "extraordinario" consistirá en las técnicas o medicamentos no probados y no verificados, inusuales, peligrosos o caros. Los medios "ordinarios" estarían disponibles y serían utilizados sin ninguna duda. Los "extraordinarios" se usarían si el médico pensara que eran apropiados o si existiera una necesidad apremiante de parte del paciente o de sus familiares para que se intentaran tales medidas.

Esto todavía nos deja con la necesidad de establecer criterios por medio de los cuales emitir un juicio y proteger contra la mala aplicación de una medicina oficiosa. En líneas generales, la norma es que el tratamiento debería ofrecer unas posibilidades razonables de disfrutar de una vida atractiva durante un tiempo apreciable y con un coste de sufrimiento aceptable. La calidad importa tanto como la cantidad. Esto todavía nos plantea problemas de definición y de índole práctica con términos como "posibilidades razonables", "tiempo apreciable", "atractiva" y "aceptable". Es aquí donde los médicos deben decidir, conjuntamente con el paciente y los familiares.

Cuando un paciente se enfrenta a la muerte es cuando los límites de la medicina aparecen más marcados. La muerte augura derrota. ¡Cuántas veces escuchamos al médico decir: "No pudimos hacer nada más"! Esto no debería ser algo así como una gran confesión de fracaso, ya que a lo mejor han hecho demasiado. Que seamos incapaces de mantener la vida a toda costa forma parte de lo que significa ser humanos. No obstante, aceptar el hecho y realidad de la muerte como un límite no es lo mismo que buscar esa muerte de forma activa. Los pacientes desean ser protegidos de los excesos de la medicina moderna. Ni quieren morir dos veces por culpa de resucitaciones continuas, ni tampoco quieren convertirse en conejillos de indias para probar técnicas o medicamentos radicales que no ofrecen muchas esperanzas de mejorar la vida. La eutanasia no es la única respuesta. Un adecuado control legal y profesional puede ser suficiente.

O. Legislación

Hemos visto la necesidad de una cuidadosa legislación que salvaguarde tanto a los médicos como a los pacientes en los casos de transplante y de cuidado neonatal de los discapacitados profundos. Pero al examinar el área de la eutanasia resulta evidente que el deseo de algunos es que exista la posibilidad legal de reclamar la eutanasia como un derecho.

En 1936, 1950 y 1969 la Voluntary Euthanasia Society (Sociedad para la Eutanasia Voluntaria) intentó introducir proyectos de ley en ambas Cámaras en favor de la eutanasia voluntaria. En tiempos recientes la atención se ha centrado más sobre el famoso debate acerca de la publicación EXIT (Salida), en la que se daban detalles acerca de cómo cometer suicidio de manera exitosa. El núcleo del caso legal en favor de la eutanasia descansa sobre la idea de la compasión hacia todos los que sufren, el libre albedrío de la gente para decidir su propio destino y el derecho humano básico de un individuo a hacer lo que desee con su propio cuerpo. Estos intentos de legislar se enfrentan a un número de problemas.

El primero es asegurar que el consentimiento del paciente sea válido. En una situación de dolor y aflicción, en el ambiente poco familiar de un hospital, o en casa, bajo la presión de la presencia o ausencia de los familiares, ¿cómo podría salvaguardarse el genuino deseo del paciente de la presión injustificada? De la misma manera, surgirían problemas con los temas del seguro de vida y la herencia. Si alguien escoge morir, ¿tiene derecho a los beneficios de su póliza de seguros? Si los familiares se van a beneficiar de esa muerte, ¿cómo puede asegurarse que no haya habido una fuerza adversa sobre el paciente? Se ha sugerido que la gente podría firmar anteriormente en su vida un documento que se llevara a efecto solamente en circunstancias de enfermedad incurable o accidente con resultado de discapacidad. El problema entonces es saber si estamos sujetos a las decisiones hechos con muchos años de antelación y hasta qué punto nuestras actitudes y creencias pueden cambiar. Puede que la vida nos parezca más valiosa cuanto menos nos queda de ella. La posibilidad académica de la eutanasia está muy alejada del contexto altamente emotivo de la posibilidad real. Estas presiones emocionales son las que, una vez más, dificultan la evaluación psiquiátrica de la racionalidad y responsabilidad del paciente. Algunos temen que cuaquier maniobra para legalizar la eutanasia fuera a tener consecuencias desagradables. Los familiares tendrán que añadir la culpa a la pena que ya sienten. ¿Le presionamos demasiado? ¿Hasta qué punto forzaron su decisión mis crueles palabras y el hecho de que perdiera los estribos? Puede que también hubiera preocupación acerca de los posibles efectos sobre la relación médico-paciente. Si el doctor tiene un trozo de papel y el poder de ayudar a morir, los pacientes, especialmente los ancianos y los que se encuentren confusos, podrían dudar sobre la acción del médico y, por tanto, no estar dispuestos a seguir sus instrucciones. El mayor temor, no obstante, es el de la posible ampliación de la eutanasia voluntaria al área de la eutanasia obligatoria. Este es un ejemplo más del argumento cuña. Si ahora se permite la eutanasia voluntaria, se abren las puertas a la práctica de la eutanasia obligatoria en el caso de los niños, los deficientes y los racial, moral e intelectualmente inaceptables. En el transcurso del debate se evocan los fantasmas del genocidio y las políticas de "razas superiores". Hay que tener cuidado al evaluar tales «consecuencias», puesto que son especulativas y no necesariamente las únicas o las más provechosas.

Además de estos problemas relacionados con la legislación de la eutanasia, sigue estando ahí la cuestión de las garantías efectivas. ¿Quién debe asegurar que la ley se cumple y cómo se hace eso? Como ocurre en el caso de la pena de muerte, los errores son mortales y no se pueden enmendar. Mucha gente opina que el número de problemas legislativos es tan grande que no puede existir una posibilidad real de eutanasia legal.

P. Valor y definición de una persona (ver L)

Q. ¿Quién decide?

La reivindicación básica de la Voluntary Euthanasia Society (Sociedad para la Eutanasia Voluntaria) es que todos tenemos el derecho a morir. Si hay que tomar alguna decisión de morir, el individuo debería ser libre para escoger la muerte. Algunos responden que cualquier decisión de dañarse a uno mismo evidencia una mente perturbada y descarta que esa persona pueda tomar decisión alguna. Hay dos situaciones distintas que resultan cruciales. La primera se produce cuando la persona está en plena posesión de sus facultades y es capaz de decidir adecuadamente; la otra, cuando la persona es incapaz de tomar tal decisión.

Si la persona es capaz de decidir, ¿hay que dejarla decidir? El primer problema es el de la "capacidad de decidir". ¿En qué consiste tal capacidad? Podemos aplicar el ejemplo de una persona normal, racional. Pero entonces, ¿es que acaso la gente normal desea acabar con su vida? La crítica que se hace a una decisión así de acabar con la vida (como en el caso del suicidio) es que en sí misma constituye un claro signo de desequilibrio mental. Si uno quiere dañarse a sí mismo es que hay algo en él que no funciona. La dificultad con ese punto de vista es que parece incapaz de apreciar la condición desesperada en que llegan a encontrarse algunas personas durante su enfermedad o sufrimiento. La desesperación es tal, que de hecho la muerte parece una "dulce liberación". Incluso si admitimos la seria solicitud de alguien para que se acabe su vida, todavía nos queda por resolver la cuestión de cómo juzgar una solicitud así. No dejamos que la gente haga lo que quiera con sus propios cuerpos. De ahí las leyes que buscan proteger a los individuos, incluso de sí mismos. La muerte es un daño definitivo contra uno mismo, incluso si ese "daño" parece una buena salida. Así que, inevitablemente, otros –familia, médicos y consejeros– están implicados tanto en juzgar la solicitud de terminar con la vida como en buscar la manera de ayudar al paciente que realiza semejante solicitud.

La otra situación se produce cuando el paciente es incapaz de suplicar su muerte. Puede estar inconsciente, padecer demencia senil o ser un perturbado mental, hasta el punto de que apenas hay alguna posibilidad, o ninguna en absoluto, de que haga una solicitud así. Si hubo un tiempo anterior en el que la persona tenía alguna capacidad racional y decidió que debía acabarse con su vida bajo estas circunstancias, todavía queda en el aire la cuestión de hasta qué punto esa decisión es vinculante en las nuevas circunstancias (ver O). Pero a menudo no existe tal decisión a la que remitirse, así que los médicos, la familia y la sociedad deben ser los que juzguen. Ya hemos visto como cualquier decisión tomada por la familia puede suponer una carga de culpa entonces y más adelante. Si el médico es quien decide, surgen preguntas acerca del papel del facultativo y el problema de quién va a controlar y comprobar las decisiones de los médicos. Tenemos casos recientes en los que los médicos han apelado a las autoridades locales para conseguir la custodia de un niño en necesidad de tratamiento, cuyos padres se negaban a que fuera atendido. Por tanto, la ley y sus representantes tienen la última palabra y actúan como salvaguarda. Así pues, en el momento actual los médicos pueden ser llevados a juicio por ayudar a morir a los ancianos o a los niños mediante tratamiento activo diseñado para acelerar la muerte. Por medio de esa acción legal la sociedad está negándose a permitir que el médico actúe de cualquier manera. El doctor es responsable tanto ante los organismos profesionales como ante la ley del país.

R. Consecuencias

Al hablar de la eutanasia, las consecuencias son importantes. Para el paciente son mortales. Para la familia suponen un liberación, o bien un sentimiento de culpa a largo plazo. Desde luego que estas consecuencias cambiarían el papel de los médicos y enfermeras tal como se conciben hoy. No obstante, hay un tipo de argumentación en el debate que es importante. Se trata del argumento "cuña". Afirma que si permitimos la eutanasia, incluso bajo circunstancias muy determinadas, acabaremos controlando la muerte de otras muchas personas. El temor es que si se cede un centímetro en cuanto al valor de la vida, se tomará un kilómetro. No sólo morirían los dispuestos, sino también los que no quisieran hacerlo, aquellos a quienes el cuerpo gobernante encontrara inaceptables. Hoy los enfermos de demencia senil y los deformes; mañana el escocés con gafas y un metro setenta centímetros de altura (es decir, el autor). Este tipo de argumentación depende de que se conozcan las consecuencias probables. Esta es su debilidad, ya que puede haber otro conjunto de consecuencias igualmente plausibles que sean más favorables. Habrá más dinero para el cuidado de otros. Se aliviará el sufrimiento de la gente y el sufrimiento de ver a otros sufrir. La inseguridad de las consecuencias debería hacernos cautos a la hora de basar una decisión ética basándonos únicamente en las consecuencias.

S. La opinión pública

En el caso del suicidio, la opinión pública ha pasado de considerarlo un crimen a verlo como un grito de ayuda o una señal de enfermedad. La actitud hacia la eutanasia es más confusa. Nadie quiere sufrir o hacer sufrir a otros innecesariamente. Sin embargo, la gente está preocupada por la vida y quiere que se haga lo posible por mantenerla. En parte esto puede deberse al temor a la muerte. Entremezclado con esto está el temor del dolor y las expectativas cada vez mayores de que la medicina controle el dolor. La gente no espera tener que sufrir, ni tampoco ver cómo sufren sus familiares. En ese sentido, las residencias para enfermos terminales y el avance en el cuidado geriátrico han hecho que la necesidad de tener una ley de la eutanasia parezca más remota. Por supuesto que hay muchos que defienden el derecho a morir, pero la mayoría de personas parece aferrarse todavía a la vida e inquietarse profundamente cuando surgen situaciones en las que se producen muertes asistidas. No se trata simplemente de un desasosiego legal, sino de una honda preocupación y reacción públicas. Lo que no está tan claro es hasta qué punto el público corresponderá a su preocupación por mantener la vida con su aceptación de las responsabilidades económicas.

T. Las alternativas

Al aconsejar a quienes están considerando la eutanasia para ellos mismos o para familiares pequeños o ancianos, las alternativas deben ser genuinas. Confiar en que algún descubrimiento médico que esté a la vuelta de la esquina vaya a cambiar la situación no es un gran alivio. Sin embargo, incluso esa esperanza y esa posibilidad son suficientes para sostener a algunos, especialmente aquellos que son responsables de niños pequeños discapacitados profundos. Para algunos es suficiente la alternativa de la propia vida, no importa cuál sea la calidad o el tipo de vida. Estar vivo y poder experimentar cosas es suficiente razón como para preservar la vida. Esto todavía plantea problemas para aquellos que no tienen ninguna «experiencia» y que sin embargo están técnicamente vivos. No obstante, en el caso de los ancianos, los enfermos mentales y los discapacitados profundos, cualquier alternativa a la eutanasia significará un mayor grado de cuidado y del consiguiente tiempo, personal experimentado y financiación que ello implica. Si valoramos mucho la vida, será muy caro en muchos sentidos.

El meollo del problema de las alternativas es cómo percibe el individuo afectado las alternativas. Cuando la vida que les aguarda parece no ofrecer otra cosa que dolor y soledad, o una disminución de facultades y una discapacidad y limitaciones cada vez mayores, no es de extrañar que algunos deseen una «muerte fácil». Una alternativa genuina debe implicar una relativa liberación del dolor, un cuidado real y el afecto de otros, y la ayuda para soportar las frustraciones y limitaciones causadas por la vejez o la enfermedad. Es la ausencia de estas alternativas lo que parece ser la base para solicitar la eutanasia.

Tanto si se trata de enfrentarse a las alternativas o de escoger entre ellas, la orientación individual y familiar jugarán su papel. No obstante esto es de una dificultad extrema, particularmente en el caso de los ancianos y de los enfermos mentales. En estos casos no es probable que haya una solicitud de eutanasia en esos momentos, mientras que cualquier petición previa estará sujeta a los problemas mencionados antes (O). Estas personas tan vulnerables requieren incluso una mayor cautela y cuidado que aquellos que se encuentran en situaciones en las que se decide racionalmente con pleno conocimiento de las consecuencias.

U. Los temores y las emociones

La enfermedad y la previsión de la muerte son asuntos muy emotivos. Es muy difícil que cualquiera de nosotros sea neutral u objetivo en estas cuestiones. Nuestras limitaciones humanas son demasiado reales. La larga historia de ritos funerarios y prácticas de duelo pone de manifiesto los temores y las emociones relacionadas con la muerte y con el proceso de morir. Muchos temen la muerte, porque la muerte para ellos es definitiva, absoluta y desconocida. Incluso para aquellos que confían en que la muerte no es el fin, existe una cierta aprensión y temor por tener que partir de esta vida y entrar en una experiencia desconocida. Las opiniones recientes sugieren que, a pesar de la realidad de tales temores, no es la muerte lo que asusta a la gente, sino el dolor que trae aparejado el morir. Para muchos el tema de la eutanasia es una cuestión de librarse del dolor. Se trata o bien de librar al paciente del dolor a petición propia, o bien de la amable compasión de la familia y el personal médico que consienten en calmar el dolor. Como hemos visto más arriba (T), si la libertad verdadera del dolor es una alternativa para el dolor de la muerte, puede que la eutanasia no parezca necesaria como una vía de escape. Parte del problema estriba en que el paciente puede tener miedo de una "medicina oficiosa" que lucha extraoficialmente por traer de vuelta a la gente desde la frontera misma de la muerte, sólo para que vuelva a morir por segunda vez. Este es un temor real.

El enredo emocional del paciente, la familia, el personal médico y sanitario y los amigos, hace que el juicio sereno sea difícil. La culpa, la compasión y la aprensión ante el futuro forman parte de las emociones presentes. Estos temores y emociones deben ser reconocidos, y la gente implicada debe enfrentarse a ellos. ¿Es el deseo o el rechazo de la eutanasia meramente una respuesta emocional? ¿Existen razones genuinas detrás de la reacción? ¿Forman éstas una base suficiente para actuar?

V. Los valores éticos y religiosos (ver F, I, P)

Más adelante discutiremos los principios éticos cristianos correspondientes, pero está claro que en el debate sobre la eutanasia están en juego muchos principios éticos distintos. Resulta importante distinguir entre dos clases diferentes de argumentos en el transcurso del debate. La primera clase la forman los argumentos basados en los principios. La segunda clase la componen los argumentos basados en las consecuencias. A menudo se confunden ambos. Existe un mundo de diferencia entre hacer algo porque está bien en sí mismo, independientemente de cualquier consecuencia, y hacerlo porque al final tendrá mejores consecuencias. En el último caso uno puede hacer lo malo para conseguir lo bueno. En el primer caso, uno nunca haría lo malo, a pesar de las buenas consecuencias que *pudiera* reportar.

Al ocuparnos del tema de la eutanasia, debemos separar claramente los principios de las consecuencias. Los tipos de principios que están en juego son:

(i) Los relacionados con la vida y la muerte. ¿Debe considerarse la vida como algo valioso a toda costa? ¿Existe alguna distinción importante entre la cantidad y la calidad de vida? ¿Es la muerte el fin? ¿Debe temerse ese fin? Nuestras actitudes éticas hacia la vida y la muerte son importantes, al igual que los valores religiosos, si los hay, que les concedemos a ambas;

(ii) La elección y la libertad son importantes. ¿Es soberana una elección individual de estas características? ¿Somos libres para escoger hacer cualquier cosa con nosotros mismos? ¿Deberían mis elecciones implicar las acciones delictivas o éticamente discutibles de otras personas?

(iii) El tema de los derechos forma parte del debate ético. ¿Tengo yo el derecho a morir? ¿Tengo el deber de ayudar a otros a morir? ¿Tiene la sociedad algunos derechos en juego en esta situación? ¿Cómo debemos sopesar los respectivos derechos y su orden de prioridades?

(iv) El dolor y el sufrimiento y nuestra actitud ética hacia ellos afecta nuestra postura ante la eutanasia. ¿Es el dolor siempre malo y algo que debe evitarse a cualquier precio? ¿Tiene el sufrimiento un papel positivo que jugar en la vida? ¿El sufrimiento tiene que significar la destrucción?

v) La felicidad tiene connotaciones éticas. ¿Qué es lo que hace a la gente feliz y cómo se define y mide esa felicidad? ¿Tenemos el derecho a ser felices? ¿Tiene otros el deber de hacernos feliz? ¿Hay que perseguir la felicidad cueste lo que cueste?

(vi) Debemos considerar la compasión. ¿Puede el amor permitir el dolor y el sufrimiento? ¿Significa el amor hacer cualquier cosa que desee otra persona? ¿Alivia la compasión toda situación? ¿Tiene que ver la compasión más con que yo me sienta bien que con que el paciente sea aliviado?

Estas seis áreas (y muchas más) son la clase de valores éticos y religiosos que están en juego en el debate, además de las cuestiones sociales, profesionales y legales. Es necesario clarificar estos valores y principios y enunciar los puntos de vista de aquellos directamente involucrados y afectados. Cualquier decisión que ignore estas cuestiones morales es difícil de defender y proponer como una base legítima de actuación.

W. Compasión

Para algunos el tema de los derechos es el *quid* del caso en favor de la eutanasia. Para otros es el tema de la compasión. Son confrontados por el temor y dolor genuinos del anciano, del enfermo mental, del enfermo terminal y del discapacitado profundo. Ese sufrimiento les compele a actuar con amor y poner fin a tal sufrimiento. Nadie pone en duda la motivación, aunque es discutible que la eutanasia sea la única (o incluso una adecuada) alternativa para la persona compasiva. Hay pocas dudas de que el sufrimiento debería incitarnos a actuar. La cuestión es qué forma deberían adoptar tales acciones.

Algunos sugieren que la compasión dice más acerca de nuestra dificultad para ver a otros doliéndose que del dolor mismo que de hecho experimentan los demás. Así, cualquier acción encaminada a eliminar el dolor completamente, por ejemplo mediante la eutanasia, sería en realidad una manera de aliviarnos a nosotros y no tanto al que sufre. Desde luego que los sentimientos de compasión a menudo son auténticos, pero el mero sentimiento no es suficiente para que la situación del paciente cambie. Así que, cada vez que actuamos en base a la compasión es necesario asegurarnos, en la medida de lo posible, de que la acción servirá de ayuda.

Algunos dudan del derecho de otros a interferir, aunque sea la compasión la que les mueva a hacerlo. Este es el caso, en particular, cuando se trata de realizar una acción definitiva e irreversible. La compasión genuina busca ayudar al otro, y eso significa definir y conocer qué es lo que realmente será de ayuda. La persona compasiva busca alternativas para el dolor y la situación presentes (T). Estas alternativas solamente pueden buscarse si se sopesan de forma cuidadosa los motivos, derechos y consecuencias.

X. Contexto mundial

Hay quienes defienden la eutanasia apelando a los problemas globales del planeta. La tasa de población mundial que no para de crecer, la disminución de los recursos naturales y el envejecimiento de la población en muchas naciones occidentales han hecho que algunos postulen un tipo de "supervivencia del más apto", o una disposición a apartarse del camino para permitir que otros tengan la oportunidad de disfrutar de una vida mejor. Es difícil saber qué diferencia supondría cualquier legislación que permitiese la eutanasia, ya que el número de personas en favor de esa "supervivencia" sería limitado. No obstante, el temor de que una legislación así pudiera abrir las puertas para este tipo de filosofías es lo que se esconde detrás de los argumentos cuña basados en las consecuencias. Sin embargo, en buena lógica no existen mayores razones para centrarse en la muerte y la eutanasia, en lugar de hacerlo en el aborto y los comienzos de la vida, como una manera más exitosa de tratar los problemas globales. Dicho esto, sigue siendo cierto que todos debemos tener en cuenta los problemas mundiales, aunque esto no tiene por qué estar relacionado con la eutanasia.

Y. Deformidad y minusvalía

En el sentido estricto del término «eutanasia», es posible plantear el tema de quitarle la vida a una persona discapacitada profunda. En los casos de minusvalía y deformidad, que son los que se debaten más acaloradamente, no es frecuente que se dé lo que comúnmente se entiende como una solicitud de muerte por parte del paciente. Se trata de las situaciones que afectan a los recién nacidos y a los niños pequeños. Técnicamente esto se incluye dentro de lo que es el infanticidio. Dado que los niños pequeños son incapaces de escoger, los padres y el personal médico se ven forzados a tomar una decisión. Aparte de los evidentes aspectos emocionales, éticos y legales relacionados con esa decisión, están los incalculables problemas de saber exactamente cuál será el grado de deformidad a largo plazo, cuánta mejoría se puede producir y cómo afectarán los nuevos avances médicos a los problemas anteriores.

Con frecuencia la discapacidad parece un problema más grande para el espectador que para la propia persona que sufre esa minusvalía. Debemos decir "parece", porque es difícil saber con exactitud lo que piensan y sienten los discapacitados profundos y cuáles pueden ser sus propios deseos de vida y realización personal. Son los casos excepcionales, en los que se descubre algún poeta o genio literario mediante algún accidente técnico o de enseñanza, los que nos hacen más prudentes con la habitual y a menudo dolorosa "normalidad" de otros. ¿Quién sabe qué capacidades pueden encontrarse ahí, esperando a ser explotadas adecuadamente y que, si se descubren, pueden transformar las vidas de todos los implicados?

Hemos visto con anterioridad que un criterio de trabajo para tomar decisiones de vida o muerte en la práctica es "una expectativa razonable de una adecuada calidad de vida". El problema radica en que las definiciones de "razonable", "expectativa", "adecuada" y "calidad" tienden a ser alcanzadas por gente "normal" que se refiere a una vida "normal". ¿Es justo utilizar estos criterios para los que padecen alguna deformidad o minusvalía? Por otro lado, si no se usan estos criterios, ¿en qué basamos nuestro juicio?

Al considerar todos los factores nos damos cuenta de la forma en que los principios éticos y religiosos están latentes y afectan la manera en que utilizamos los hechos en la discusión y la interpretación e importancia que les damos. Ahora vamos a considerar cómo contempla el cristiano los principios de importancia básica.

2. Los principios de importancia básica

¿Cuáles son los principios que el cristiano utiliza cuando trata el tema de la eutanasia? A la luz de estos principios, ¿qué orden de prioridades se establecerá en el proceso de tomar una decisión?

(a) ¿Tiene la Escritura alguna enseñanza o principios específicos que sean relevantes para este caso en concreto?

(i) *Creación*

¿Se pueden extraer algunos principios concretos a partir de estas fuentes?

1. *Ley Natural*:

En cierto sentido la vida y la muerte son las cosas más naturales del mundo. Nacemos y morimos. Sin embargo, no nos hace felices morir. No sólo tememos la muerte, sino que estamos dotados de un intenso deseo de vivir. Intentamos preservar nuestra propia vida. Esa es una característica natural de los hombres y las mujeres. Quieren vivir. Así que la muerte es tenida como un enemigo al que hay que resistir. A pesar de ello, la muerte forma parte de los procesos naturales del mundo. Nuestra emotiva respuesta a la muerte deja traslucir que consideramos la vida como más importante que la muerte, y la preservación de la vida como una actividad humana importante.

El debate sobre la eutanasia está plagado de apelaciones a los medios naturales y antinaturales de mantener y terminar la vida. La medicina y la tecnología modernas han hecho que el contenido de "lo que es natural" cambie continuamente. Casi toda la medicina es una interferencia en los procesos naturales. Por tanto, cualquier llamado a "dejar que la naturaleza siga su curso" es hacer un juicio de valor clave acerca de qué situaciones deseamos aceptar y a cuáles queremos oponernos. Lo que está claro en líneas generales es que buscamos preservar la vida y oponernos a la muerte, a menos que haya poderosas razones en contra de ello. El dilema ético es qué razones constituyen una base suficiente para ayudar o permitir que se produzca la muerte.

2. *El hombre hecho a imagen de Dios*:

Leyendo Génesis 1:27 y 2:7, está claro que la relación del hombre con Dios es importante y distinta de la del resto de la creación:

"Creó, pues, Dios al hombre a su imagen; a imagen de Dios lo creó; hombre y mujer los creó" (Génesis 1:27, RVA).

"Entonces Jehovah Dios formó al hombre del polvo de la tierra. Sopló en su nariz aliento de vida, y el hombre llegó a ser un ser viviente" (Génesis 2:7, RVA).

Dios es considerado como el creador, autor, sustentador, preservador y señor de la vida. Toda la vida, tanto humana como no, proviene de Dios. Debido a que la vida es de Dios, la muerte se ve igualmente como algo que depende de Dios. Dios creó al hombre. Ser una criatura es estar a disposición del Creador. Esta es, exactamente, la situación del hombre. La vida y la muerte no están en las manos del hombre, sino que se encuentran en las manos de Dios. Él es el soberano, y esa soberanía debe incluir en última instancia el control sobre la vida y la muerte. Él da la vida y la quita. La Biblia claramente enfatiza que la vida es el don de Dios. Es el aliento mismo de Dios. Intentar controlar esa vida al margen de Dios, e imaginar que está en las manos del hombre hacer con ella lo que le plazca es rebelarse contra Dios y buscar usurpar su lugar y papel.

El concepto de vida como un regalo de Dios entraña ciertas responsabilidades. Cuando al hombre se le da la vida, la recibe en forma de préstamo. Nuestra vida no nos pertenece. No podemos hacer con nuestra vida lo que queramos. El hombre creado es un administrador de Dios. Tiene que rendirle cuentas a Dios por toda la creación y por la manera en la que utiliza y cuida de ese orden creado. Esto quiere decir que también somos mayordomos de Dios con respecto a nuestra vida. Tenemos que darle cuentas a Dios por la propia vida y por la manera en que usamos esa vida. No tenemos la libertad de devolver el préstamo cuando nos apetece hacerlo.

La importancia de la imagen de Dios no está únicamente en nuestra actitud hacia nuestra propia vida, sino que afecta a otras personas:

> *"El que derrame sangre de hombre, su sangre será derramada por hombre; porque a imagen de Dios él hizo al hombre"* (Génesis 9:6, RVA).

Por ser hecho a imagen de Dios, al hombre se le da un valor y una dignidad. Así, el valor de una persona no es cuestión de autoevaluación ni de importancia social ni de la contribución que realiza. Es el resultado de haber sido creado a imagen de Dios. Así pues, la dignidad del hombre hace que la vida humana sea importante y deba ser tratada con respeto. Parte de esta dignidad está ejemplificada en el ejercicio del dominio sobre la creación. En términos modernos esto significa que el hombre es responsable ante Dios por su creación y por el uso de la ciencia, la tecnología y la medicina. Como buenos administradores, debemos utilizar estas cosas de manera que se refuerce y preserve esa dignidad que Dios le ha dado al hombre. Pero como mayordomos, somos responsables ante Dios por ese uso.

3. *Conciencia*:

Es evidente que nuestra conciencia está íntimamente relacionada con nuestra voluntad de vivir y preservar la vida. La imagen que tenemos del asesino es la de una persona torturada por la culpa, que sufre como consecuencia de una mala conciencia. En realidad, parece que la conciencia de mucha gente es muy débil y afecta muy poco a su vida. Sin embargo, en el tema de la eutanasia una de las mayores preocupaciones es cómo vivirán las personas con las consecuencias de haber ayudado a morir a otro. Saber que han estado involucradas en una decisión de ayudar a alguien a morir, o incluso en el acto mismo de la muerte, puede ser una carga demasiado pesada de llevar. Algunos dirían que no importa lo fuerte o débil que pueda ser la conciencia de una persona; el hecho mismo de que la conciencia sea considerada relevante habla bien a las claras de que existe un punto crucial relativo a la vida y su santidad. La posibilidad de una conciencia culpable indica que esa manera de tomar la vida de alguien está mal.

Otros rebaten esto diciendo que es más difícil vivir con la propia conciencia si uno ha permitido más dolor y sufrimiento y no ha sido capaz de actuar para liberar a la gente del sufrimiento. El pecado de omisión es tan serio como el pecado de comisión.

Estos dos puntos de vista sobre el papel de la conciencia dependen de los principios que operan en y a través de la conciencia, y éstos, a su vez, pueden reflejar la preparación y educación de la conciencia, además de cualquier base natural e intuitiva.

4. *Mandatos fundacionales:*
(Ver el párrafo 2 más arriba).

5. *La Caída:*
La imagen de la caída es una imagen de trastorno y perturbación. Debido a la pecaminosidad y desobediencia del hombre, el justo Dios emitió este juicio:

> *"Y al hombre dijo: –Porque obedeciste la voz de tu mujer y comiste del árbol del que te mandé diciendo: No comas de él, sea maldita la tierra por tu causa. Con dolor comerás de ella todos los días de tu vida; espinos y cardos te producirá, y comerás plantas del campo. Con el sudor de tu frente comerás el pan hasta que vuelvas a la tierra, pues de ella fuiste tomado. Porque polvo eres y al polvo volverás"* (Génesis 3:17-19, RVA).

Frecuentemente se interpretan la muerte y el sufrimiento como un resultado directo de la caída. Por consiguiente, la muerte es una aberración que está en el mundo. Una prueba más de eso, se dice, es el primer asesinato de Abel por parte de Caín. La vida del hombre llega a su fin por las manos de su hermano. Así, tenemos en el Antiguo Testamento el desarrollo de leyes relacionadas con la regulación de la vida y la muerte.

No obstante, aquí puede surgir un malentendido. La vida nunca es vista como el todo para el hombre, como la única meta. La vida que tenemos es la vida de las criaturas: es temporal. La vida tiene un fin. No existe una grandeza absoluta o un valor supremo en la vida. La vida no tiene un valor intrínseco. La vida sólo tiene sentido, valor e incluso definición en relación con Dios. Por tanto, tan mal está desear vivir a cualquier precio, intentando aferrarnos a este mundo y a nuestra existencia en él, como pensar que es correcto escoger la manera y la hora de nuestra propia muerte.

Incluso en la imagen del jardín hay un fuerte énfasis en que la comunión con Dios continúa, a pesar de la caída y la maldición. Este continuación de la comunión se desarrolla en el Nuevo Testamento, donde se ve la muerte no como un término, sino como una transición.

(ii) *El Antiguo Testamento*
¿Qué principios concretos pueden extraerse de estas fuentes?

1. *Pacto y Ley.*
En el Decálogo hay normas estrictas que regulan los asuntos de vida o muerte. El quinto mandamiento es "No matarás" (Éxodo 20:13). Para algunos esta es la última y única palabra necesaria en relación con la eutanasia. Esto es difícil de demostrar, ya que aquí se alude al asesinato, y podría discutirse acaloradamente si los motivos de compasión presentes en casos de eutanasia pueden ser comparados en algún sentido con los de un asesino. Sin em- bargo sigue estando claro que el mandamiento toma muy en serio la santidad de la vida, y esto debe significar que nuestra actitud hacia tomar la vida de alguien debería ser extremadamente cauta.

2. *Literatura sapiencial.*
El difícil libro de Job contiene dos tipos de temas relevantes para el debate sobre la eutanasia. Cuando a Job se le anima a que se quite la vida y huya del horror de su experiencia, él rehusa, argumentando que debemos aceptar las tribulaciones de las manos de Dios y no sólo lo bueno. Sin embargo esto contrasta enormamente con la descripción de la falta de sentido y el dolor de la vida.

"¿Para qué darle luz al que sufre,
y vida a los de alma amargada;

a los que esperan la muerte,
y no llega, aunque la busquen
más que a tesoros enterrados;
a los que se alegran ante el gozo
y se regocijan cuando hallan el sepulcro?"

(Job 3:20-22, RVA).

Y de nuevo,

"Él es reprendido con dolor sobre su lecho,
y con constante dolor en sus huesos.
Hacen que su vida aborrezca el alimento;
y su alma, su comida favorita.
Su carne se consume hasta dejar de ser vista,
y aparecen sus huesos que no se veían.
Su alma se acerca a la fosa,
y su vida a los que causan la muerte"

(Job 33:19-22, RVA).

El conflicto que tiene lugar en la propia mente de Job, entre una creencia en la soberanía de Dios en todos los asuntos de la vida y la muerte y su amarga experiencia personal, forma la médula del libro.

El salmista, al igual que hicieron aquellos autores de los relatos de la creación, otorga al hombre un elevado lugar de dignidad:

"Lo has hecho un poco menor que los ángeles
y le has coronado de gloria y de honra"

(Salmo 8:5, RVA).

Los salmos 22 al 28 proporcionan una clara imagen de un hombre enfrentándose con las profundidades de la depresión, la opresión y el temor. Todos comparten la esperanza de un desenlace optimista si el creyente continúa confiando en Dios. Sin embargo, se presenta con igual claridad la cortedad de la vida del hombre:

> *"Los días de nuestra vida son setenta años;*
> *y en los más robustos, ochenta años.*
> *La mayor parte de ellos es duro trabajo y vanidad;*
> *pronto pasan, y volamos"*
>
> (Salmo 90:10, RVA).

Aquí la muerte se considera inevitable, aunque no hay ni rastro de pensamiento de huir de la vida o de sus tribulaciones. A lo que parece, la muerte llegará demasiado pronto, incluso en una vida atribulada.

3. *Los Profetas*:

En el material profético no hay una discusión sustancial de los temas relacionados con la eutanasia, aunque algunos dirían que las historias del horno de fuego y el foso del león muestran que Dios preservó la vida humana a pesar de las peores maquinaciones de que son capaces los hombres.

También podría argumentarse que el paciente aguante del sufrimiento conduce a la vida y a la vindicación. No obstante, es evidente que el contexto de estos eventos está muy alejado del de la eutanasia.

(iii) *El Nuevo Testamento*

¿Qué principios pueden extraerse de estas fuentes?

1. *La Redención*:

El cuadro que pinta el Nuevo Testamento de la redención incluye la noción de victoria sobre la muerte. La muerte se ve como un enemigo al que hay que batir. Cristo vence al enemigo con su muerte y resurrección. Sin embargo, dentro de los mismos evangelios hay indicaciones a esa victoria sobre la muerte. En medio de historias de milagros hay dos relatos de personas resucitadas de los muertos. El hijo de la viuda de Naín y Lázaro son llamados de vuelta a la vida. Algunos añadirían la resurrección de la hija de Jairo como tercer ejemplo. El evangelio de Juan recalca este punto teológico de una manera clarísima al enmarcar el incidente con las palabras de Cristo:

"Jesús le dijo: Yo soy la resurrección y la vida. El que cree en mí, aunque muera, vivirá. Y todo aquel que vive y cree en mí no morirá para siempre. ¿Crees esto?" (Juan 11:25-26; RVA).

Después Jesucristo llama a Lázaro de la tumba. Está claro que una parte esencial de la redención es el control de Cristo sobre la muerte. El Señor es el que interviene en situaciones de enfermedad y muerte para restaurar y renovar la vida. Esto hay que relacionarlo con el propio sufrimiento de Cristo. No sólo se preocupa Jesucristo de aliviar el sufrimiento de otros –que ya lo hace–, sino que él mismo está dispuesto a sufrir y a morir para conseguir redención y victoria sobre la muerte. Jesús mostró dónde pueden conducir el sufrimiento e incluso el aparentemente sinsentido evento final de la muerte: a una vida para todos, a la redención y a una nueva creación.

La idea de que hay un propósito en la vida, incluso en el sufrimiento, se puede deducir a partir de los relatos de Simeón y Ana en Lucas 2.

Se trata de dos personas mayores que viven tan sólo con la esperanza de que el Mesías vendrá. Cuando Cristo es llevado como un niño al templo, ambos profetizan acerca del papel de Jesucristo en la redención. Las palabras de Simeón todavía se utilizan en la adoración en el Nunc Dimittis:

"Ahora, Soberano Señor,
despide a tu siervo en paz
conforme a tu palabra;
porque mis ojos han visto tu salvación
que has preparado en presencia de todos los pueblos:
luz para revelación de las naciones
y gloria de tu pueblo Israel"

(Lucas 2:29-32, RVA).

Habiendo completado el propósito de su vida, Simeón se siente preparado para morir. Este tema de la vida y la muerte descansando en las manos de Dios, en lugar de las propias manos del hombre, también se hace evidente en la parábola del hombre rico que derriba su granero para construir otro más grande y se prepara para una vida de placer y comodidad.

> *"Pero Dios le dijo: ¡Necio! Esta noche vienen a pedir tu alma; y lo que has provisto, ¿para quién será?"* (Lucas 12:20, RVA).

El punto principal es la naturaleza de las verdaderas riquezas, pero ese punto se presenta *presuponiendo* el control de Dios sobre la vida y la muerte.

2. *La ética del Reino*:

En la vida, ejemplo y enseñanza de Jesús es obvio que la compasión por los que sufren es un pilar fundamental. Aquellos que llevan el nombre de Cristo deben seguir este ejemplo de amor y compasión. El problema es que no siempre sabemos cuál es la acción verdaderamente compasiva. Evidentemente, el alivio del dolor es crucial, pero si eso sólo se consigue quitando la vida, ¿cómo debemos actuar?

No hay una guía ética específica para esto en las páginas del Nuevo Testamento. Se proclama la compasión, además de poner un énfasis especial sobre la importancia de la vida eterna. En Cristo, la muerte no es el fin, sino que conduce a una más completa y profunda calidad de vida en relación con Dios. La resurrección es la clave de esta posibilidad, ya que Pablo afirma que si Cristo no resucitó de entre los muertos, la predicación y la fe cristiana son inútiles, los cristianos son unos mentirosos que todavía están en sus pecados y aquellos que han muerto en Cristo están perdidos.

Pablo concluye:

> *«¡Si sólo en esta vida hemos tenido esperanza en Cristo, somos los más miserables de todos los hombres!»* (1ª Corintios 15:19; RVA).

La muerte es un enemigo, pero es un enemigo derrotado, cuyo poder ya no aterroriza al cristiano. A partir de esto es posible argumentar tanto que hay que oponerse a la muerte como que, a la postre, no se la debe temer. Por tanto, los cristianos deberían oponerse a la muerte, pero no a cualquier precio.

3. *La ética de Pablo*:

Está claro que en el transcurso de la vida de Pablo hubo muchas ocasiones en las que se enfrentó tanto al sufrimiento como a la muerte. Pablo sintió la atracción de la muerte, no por la muerte misma, sino como una puerta a la vida tras ella, pero resistió la atracción:

> *"Me siento presionado por ambas partes. Tengo el deseo de partir y estar con Cristo, lo cual es muchísimo mejor; pero quedarme en la carne es más necesario por causa de vosotros"* (Filipenses 1:23, 24; RVA).

De la misma manera, en Filipos, Pablo y Silas impidieron que el carcelero se quitara la vida, pensando que había incumplido con su deber de custodiar a los prisioneros. No obstante, ellos no le ofrecen un argumento teológico o filosófico en contra de quitarse la vida. Su apelación es puramente pragmática y de sentido común. Ningún prisionero había escapado (Hechos 16).

Pablo, como hemos visto en 1ª Corintios 15, propuso una firme visión de la resurrección como la clave de la derrota de la muerte. Sin embargo el énfasis no lo coloca únicamente sobre la importancia de una vida más allá de la tumba, sino también sobre la calidad de la vida eterna como una realidad presente que afecta a la conducta de la gente aquí y ahora (por ejemplo, 1ª Tesalonicenses 5:10).

En cierta manera Pablo parece contemplar esta vida como un proceso que se completará antes de que entremos en la plenitud de la vida eterna. De esta forma, el sufrimiento puede tener un papel positivo que jugar en la formación del cristiano. Él escribe:

> *"Y no sólo esto, sino que también nos gloriamos en las tribulaciones, sabiendo que la tribulación produce perseverancia, y la perseverancia produce carácter*

probado, y el carácter probado produce esperanza" (Romanos 5:3, 4; RVA).

En un sentido real, Pablo está diciendo que el sufrimiento puede ser bueno para la gente. Esto está en línea con un fuerte sentido de la soberanía de Dios, ya que unos pocos capítulos más tarde escribe:

> *"Y sabemos que Dios hace que todas las cosas ayuden para bien a los que le aman, esto es, a los que son llamados conforme a su propósito"* (Romanos 8: 28, RVA).

Parece deducirse de todo esto que buscar activamente cualquier escape final y total del sufrimiento a través de la muerte es una posibilidad que no está abierta para el cristiano. Su vida está en las manos de Dios y puede que haya lecciones que aprender del proceso del sufrimiento.

4. *Las Epístolas Pastorales*: Este mismo tema y enfoque caracteriza el escrito de 1ª Pedro. La carta está dirigida a aquellos que se encuentran en medio de sufrimiento y persecución (1ª Pedro 1:17). Para el autor cualquier sufrimiento que venga por causa de ser un cristiano, ni es una sorpresa ni una excusa para que el ánimo decaiga. Más bien, es un gozo y un privilegio participar en los sufrimientos de Cristo. El pasaje clave concluye de este modo:

> *"Por eso, los que sufren según la voluntad de Dios, que encomienden sus almas al fiel Creador, haciendo el bien"* (1ª Pedro 4:19, RVA).

Esto no implica que todo el sufrimiento sea bueno, sino que hay un sufrimiento que necesariamente le llega al cristiano por ser cristiano, y que no debe ser rechazado, sino aceptado. Es dudoso que ese sufrimiento sea similar al dolor que puede conducir a desear la muerte, aunque se dan casos extremos de tortura de cristianos que son relevantes para nuestro tema.

Para los autores de las pastorales, las presentes pruebas de la vida eran de poco importancia en comparación con las glorias de la vida por venir. Sin embargo eso no puede ser una justificación para escapar de la realidad presente.

(b) ¿Tiene la tradición alguna enseñanza o principios específicos que sean relevantes para este caso en concreto?

Tradicionalmente la vida ha sido considerada como un don de Dios. Por lo tanto, no era correcto que el hombre buscara poner fin a su propia vida. La larga historia de la prohibición del suicidio y el horrible tratamiento dispensado al cuerpo y a los familiares del suicida demuestran la fuerza del rechazo tradicional a quitarse la vida. La idea de que Dios controlaba la vida del hombre y su muerte significaba que no podía haber ningún intento de quitarse la vida con tal de escapar del sufrimiento. Algunos podrían argumentar que el principio del doble efecto hace de la eutanasia una posibilidad si el motivo primario es aliviar el dolor del otro. En la práctica, son muchos los doctores que administran dosis mortales de calmantes cuando se llega al punto en que no existe otra forma de vencer la aflicción del paciente. Se dice que esto no es quitar la vida, sino hacer lo posible por reconfortar y librar del dolor. El doble efecto es que a continuación se produce la muerte.

Al tratar con una tradición que debe considerar la eutanasia con gran recelo como una forma de tomar las prerrogativas divinas y ponerlas en las manos del hombre, haría falta una base firme para contrarrestar el peso de esa tradición.

(c) ¿Tienen el Espíritu o la Iglesia alguna eneñanza o principios específicos que sean relevantes para este caso en concreto?

Entre la gente de la iglesia hay una verdadera división de opiniones y ambos bandos reclamarían para sí el apoyo del Espíritu Santo. Unos basan su caso en la virtud cristiana del amor y la compasión. Ese amor no puede aceptar ni permitir que la gente sufra innecesariamente. Destruye la dignidad de las personas. La eutanasia se considera como una virtud potencial, ya que permite algún ministerio de amor para los que sufren y se mueren. Obviamente, nadie está defendiendo una eutanasia para todos ni el libre acceso a la misma. Sin embargo, existe una honda preocupación porque los cristianos tomen una posición positiva en este ministerio de compasión y liberación.

Por otro lado, hay otros cristianos a los que les preocupa cualquier forma de eutanasia, tanto por principio como por sus consecuencias. Las posibles consecuencias y los problemas legales son tan grandes como para hacer que todo el ejercicio sea improbable.

No obstante, se debe mantener el principio de la vida y de que Dios es quien tiene el control último sobre la vida. Nosotros no tenemos el derecho de quitarle la vida a los demás ni de ayudar a que otros se quiten la vida. En su lugar, la verdadera tarea del cristiano consiste en ministrar a aquellos que están sufriendo tanto de una manera física como espiritual, creyendo que es posible encontrar suficientes recursos en Cristo como para sobrellevarlo todo y vencer.

Resulta difícil ver cómo podemos decidirnos entre tales puntos de vista en base tan sólo al Espíritu y a la Iglesia. Sin embargo, debemos hacerle justicia a ambos extremos enfocando el asunto con toda su complejidad.

Al igual que en el tema del aborto, nos quedan pendientes los problemas de cómo aplicar estos principios a los casos reales con que nos encontramos. Admitiendo que este es un problema de verdad, sigue estando claro que necesitamos principios y que, si éstos son importantes para nosotros, debemos aplicarlos de una manera realista.

Existen dos principios fundamentales en juego: los principios de la compasión y la santidad de la vida. Evidentemente ambos principios son importantes y hay formas de manifestarlos juntos. No obstante, llega un momento con un paciente en el que uno se enfrenta con la decisión de continuar con el tratamiento, dejar el tratamiento o terminar con la situación de una manera activa. Es entonces cuando un principio se considera primordial.

3. Propósitos, metas y objetivos

Hecha la aclaración de los principios básicos y el orden de prioridades, debemos clarificar nuestros objetivos en la situación a la que nos enfrentamos. Una vez más, si presuponemos una situación de consejería pastoral, necesitamos tener claro nuestro papel, los desenlaces deseables y posibles, los motivos y las consecuencias. Si nuestro propósito es ayudar a que el paciente, sus familiares o el médico lleguen a tomar una decisión, necesitamos ayudarles a clarificar sus propósitos, metas y objetivos en este caso particular y en general. Podemos no estar contentos con su elección de objetivos, y sería importante examinar por qué es ése el caso. No obstante, puede que todavía nos sintamos obligados a ayudarles a entender sus propias metas, la mejor manera de conseguir alcanzar esas metas y las consecuencias probables y posibles.

También deberíamos buscar la forma de ofrecer apoyo y ayuda en su intento de sobrellevar su propia decisión, cualquiera que sea el desenlace. De otro modo, nuestro consejo realmente está condicionado a que sea aceptado. Estamos diciendo: "Te apoyaré solamente si tú haces lo que quiero". Así pues, esta es una forma directiva de aconsejar y lo que estamos haciendo en realidad es tomar la decisión por la otra persona.

4. Alternativas, posibilidades y opciones

En el caso de la eutanasia las alternativas son crudas. Las opciones son la muerte o una vida de sufrimiento continuo. Al menos esto es lo que a menudo le parece al paciente. Una alternativa clave a la elección de la muerte es la probable esperanza de alivio para el dolor y el sufrimiento o algún posible avance en la calidad de vida que resta por vivir. Es fundamental que esa esperanza sea auténtica. Son muchos los que creen que los recientes y continuados avances en el control del dolor ofrecen una base real para la esperanza, y que esto debería examinarse lo más completamente posible. Pero hay otros que apuntan a la posibilidad continuada de mejoras en las técnicas y cuidados médicos que ofrecen nuevamente la esperanza de una vida mejor. Para otros no es meramente el tema del sufrimiento físico el que está en juego, sino más importante aún, se trata de ayudar a la gente psicológica y espiritualmente para que pueda sobrellevar su sufrimiento. En teoría esto está muy bien, pero resulta extremadamente difícil con los que padecen demencia senil, con los enfermos mentales y con los discapacitados profundos. Aún así puede que todavía sea posible ministrar amor y consuelo de una manera real a aquellos cuya relación con la realidad parece muy distinta de la nuestra.

Muchos ven las residencias para enfermos terminales como la base real de las alternativas para todos nosotros, pacientes, médico y familiares por igual. El contexto general de cuidado, las formas específicas de control del dolor y la actitud saludable hacia la vida y la muerte parecen juntarse en la práctica de muchas de estos centros.

5. Los puntos de vista de otras personas

Los cristianos son muy buenos proponiendo su punto de vista, pero quizás sean menos hábiles escuchando los puntos de vista de los demás y haciendo justicia a los mismos. Hay mucha gente implicada y afectada por el tema de la eutanasia, y se suelen expresar demasiadas posturas. Estas posiciones deben ser presentadas, entendidas y sopesadas, para después ser aceptadas o rechazadas. Detrás de los puntos de vista hay cuestiones de diferencias esenciales en juego. Estas cuestiones han de ser aclaradas y extraídas como la base adecuada para tomar decisiones. Para llegar a este punto hay que tomar en serio todas las opiniones.

6. Reflexiones finales

Cuando enseño ética cristiana la gente se enfada. No cesan de preguntarme lo que yo pienso y creo. Tengo mis propios puntos de vista y me siento muy feliz de proponerlos tan enérgicamente como puedo. Sin embargo, en la enseñanza mi propósito no es tanto el hacer discípulos para mis puntos de vista, cuanto dejarle claro a otros todo lo que está implícito en sus decisiones éticas.

No es muy probable que la mayoría de nosotros se enfrente a cuestiones de eutanasia cada día. Con todo y con eso, es fundamental que sepamos dónde nos encontramos, por qué nos encontramos ahí y eso, en sí mismo, puede que nos mueva a la acción o a contribuir a los debates y problemas reales que ocurren cada día en los hospitales, los juzgados, y entre aquellos que se enfrentan a problemas del sufrimiento, de la vida y la muerte.

CONCLUSIÓN

La intención original era continuar aplicando este enfoque a las áreas de la sexualidad, el matrimonio y el divorcio, la economía, la guerra y la violencia. El tiempo y el espacio no lo permitieron, ya que pronto se hace evidente que los problemas éticos son más complejos de lo que aparentan a simple vista. No creo que esto signifique que todos tengamos que ser unos genios para tomar decisiones éticas. Lo que sí quiere decir es que necesitamos trabajar duro y ser coherentes y cuidadosos al tratar cualquier problema al que debamos enfrentarnos. Las aplicaciones que se ofrecen en este libro tienen el propósito de servir como ejemplos de cómo puede aplicarse el método, y valen también como una contribución al enfoque cristiano de los asuntos de vida o muerte, como son el aborto y la eutanasia. Lo importante es el propio método. La aplicación del método, propiamente dicha, está en manos de todos aquellos que se enfrentan a problemas éticos y, particularmente, de aquellos que tienen el privilegio y se encuentran ante la difícil tarea de aconsejar y orientar a quienes se enfrentan con esos problemas. En la educación el éxito se alcanza cuando el alumno toma las ideas del profesor y las aplica por sí mismo, haciendo su propia contribución personal. Mi esperanza es que todos aquellos que enseñan ética, que preparan a personas para que den orientación moral a otros, y aquellos que se encuentran frente a dilemas éticos, sean capaces de aplicar algunas de las ideas aquí presentadas, para beneficio suyo y para la gloria de Dios.

Bibliografía

Baelz, P. *Ethics and Belief.* Sheldon Press, 1977.

Barclay, W. *Ethics in a Permissive Society.* Fontana, 1971.

Chauchard, Paul. *El respeto a la vida.* Burgos: Ediciones Aldecoa, 1965.

Curran, C. *New Perspectives in Moral Theology.* University of Notre Dame, 1974.

Dominian, J. *Proposals for a New Sexual Ethic.* Darton, Longman & Toddd, 1977.

Dunstan, G. *The Artifice of Ethics.* SCM Press, 1974.

Fletcher, J. *Situation Ethics.* SCM Press, 1966.

Gómez Caffarena, José. *¿Qué aporta el cristianismo a la ética?* Fundación Sta. María, 1991.

Hebblethwaite, B. *The Adequacy of Ethics.* Marshall Morgan & Scott, 1981.

Knudson, Alberto C. *Ética cristiana.* Méjico: Casa Unida de Publicaciones.

Lacueva, Francisco. *Ética cristiana.* Terrassa: CLIE, 1975.

L. Aranguren, José Luis. *El protestantismo y la moral.* Madrid: Ediciones Sapientina, 1954.

López, Muñoz, A. *Influencia social del cristianismo.* Barcelona: Casa Bautista Publicaciones, 1972.

Miranda Aliste, Vicente. *La conciencia, criterio decisivo de la moralidad.* Fundación Sta. María, 1991.

Mitchell, B. *Morality: Religious and Secular.* Clarendon, Press, 1980.

Pannenberg, Wolfhart. *Ética y eclesiología.* Salamanca: Ediciones Sígueme, 1985.

Piper, O. *Christian Ethics*. Nelson, 1970.

Ramsey, P. *Basic Christian Ethics*. University of Chicago Press, 1980.

Ridenour, Fritz. *Todo depende...: Un estudio comparativo de la ética de situación*. Terrassa: CLIE, 1975.

Schnackenburg, Rudolf. *El mensaje moral del Nuevo Testamento*. Barcelona: Herder, 1989.

Stott, Joh. *La fe cristiana frente a los desafíos contemporáneos*. Nueva Creación, 1991.

Tillich, Paul. *Moralidad y algo más: Fundamentos para una teoría de la moralidad*. Buenos Aires: América 2000, 1974.

Thielicke, H. *Theological Ethics*. A & C Black, 1968.

Vidal, Marciano. *Opción fundamental y actitudes éticas*. Fundación Sta. María, 1991.

—— *Para conocer la ética cristiana*. Verbo Divino, 1989.

Ward, K. *Ethics and Christianity*. Allen & Unwin, 1970.

Wogaman, J.P. *A Christian Method of Moral Judgement*. SCM Press, 1976.

Yoder, John H. *Jesús y la realidad política*. Ediciones Certeza, 1985.

Made in the USA
Monee, IL
07 July 2026

56548188R00122